新媒体理论与实践探索丛书/丛书主编：李新祥

新媒体舆情论：理论与方法

贾祥敏　著

科学出版社
北京

内 容 简 介

本书是一本具有一定理论指导意义和实践参考价值的读本。首先对具有中国特色的舆情历史、缘起、现状进行回顾，阐述了舆情的基本内涵和外延，不但涉及学理性的分析，还将舆情议题与表达、演化的一般规律、预警与监测、舆情研判、回应与引导、报告撰写、舆情治理等操作性的内容纳入在内。

本书主要面向本科生、舆情研究者或从事宣传工作的人员，对其舆情研究、报告撰写、政策咨询等工作的开展或有益处。

图书在版编目(CIP)数据

新媒体舆情论：理论与方法/贾祥敏著. —北京：科学出版社，2021.3
（新媒体理论与实践探索丛书/李新祥主编）
ISBN 978-7-03-066891-2

Ⅰ. ①新… Ⅱ. ①贾… Ⅲ. ①传播媒介－舆论－研究－中国
Ⅳ. ① G219.2

中国版本图书馆 CIP 数据核字（2020）第 223606 号

责任编辑：王　丹　张翠霞 / 责任校对：贾伟娟
责任印制：李　彤 / 封面设计：蓝正设计

科学出版社 出版
北京东黄城根北街 16 号
邮政编码：100717
http://www.sciencep.com
北京虎彩文化传播有限公司 印刷
科学出版社发行　各地新华书店经销
*
2021 年 3 月第　一　版　开本：720×1000　B5
2022 年 6 月第二次印刷　印张：10
字数：174 000

定价：98.00 元

（如有印装质量问题，我社负责调换）

2019 年度浙江省传播与文化产业研究中心课题研究成果（课题编号：19ZJCW0206）

目　　录

第一章　新媒体舆情背景概述

第一节　学术脉络中的舆情研究

一、舆情的历史渊源

舆情是立足于中国语境的研究范畴，“舆情”一词的正式出现，至少可以追溯到唐末。刘昫等的《旧唐书》记载了乾宁四年（897 年）一封唐昭宗的诏书，其中写道：“冠岁名升于甲乙，壮年位列于公卿，趣向有闻，行藏可尚。朕采于群议，询彼舆情，有冀小康，遂登大用。”①后至北宋时期，该诏令由宋敏求汇编入《唐大诏令集》中。意为皇帝能够听取群臣的意见，体察民情。《全唐诗》收录了唐代诗人李中的一首《献乔侍郎》，其中写道：“格论思名士，舆情渴直臣。”②李中全诗盛赞乔侍郎的高尚品格和正直忠诚，根据全诗语境，这里的舆情应指普通老百姓的意愿。“1873 年 4 月，清臣李鸿章曾奏请在天津建‘曾国藩专祠’，奏折中写道，‘仰恳天恩，俯赐照准，以顺舆情’。”③“顺舆情”的用法在爱新觉罗·溥仪的著作中也出现过：“读法兰西革命之史，如能早顺舆情，何至路易之子孙，靡有孑遗也。”④此后，“舆情”一词的使用频率逐渐增加。这些用法体现了舆情的两层含义：其一指民众的情感、情绪，表现为“舆情欢载”“舆情震骇”等；其二指民众的意见和愿望，表现为与“察舆情之向背”“俯徇舆情”等古文中的“舆情”有相通的含义。皇权制度下，舆情被作为政治合法性的来源以及政治清明与否的评判标准，古代舆情思想的核心就是顺民心，让民众的情绪和意愿得以表达和实现。与西方民主思想相比，中国古代舆情思想是以君主为主体，实质上是“为民做主”，

---

① 刘昫等. 1975. 旧唐书·卷一百七十七·列传第一百二十七. 北京：中华书局：4585.

② 李中. 1979. 献乔侍郎//彭定求等. 全唐诗. 卷七百四十八. 北京：中华书局：8523.

③ 林开明. 2003-7-29. 李鸿章与曾公祠. 今晚报. 转引自：王来华. 2003. 舆情研究概论——理论、方法和现实热点. 天津：天津社会科学院出版社：5.

④ 爱新觉罗·溥仪. 2019. 我的前半生. 北京：中国言实出版社：38.

不是由民做主，是一种人治的体现。这一观念一直延续到清末以至民国。旧观念仍在延续，新的现代舆情观念开始萌芽，从观念史的视角来审视，清末至民国这一阶段是舆情观念发展的过渡期。清政府也会为了防止“不洽舆情”激起的巨变而采取行动。[①]到了民国期间，舆情观念发展面临转折，特别是大众传播媒介的出现极大地拓展了舆情本身的意涵空间。新闻业开始蓬勃发展，开启了新的舆情理路与方向，如舆情引导、舆情测量等。需要明确的是，本书阐述的舆情主要指涉一种思维方式、一种话语表达和一个历经十余年发展的现代产业理论领域。

现代舆情更多地指涉社会成员潜在的政治行为，关乎政治合法性，是社会治理的重要领域。作为“各种不同意见的总和”，舆情往往牵涉较大范围的意见气候以及复杂的公众构成，具有很强的抽象性。既然如此抽象，那么我们该如何认识舆情呢？一般来说，现代意义上的舆情认知主要依赖于两种途径，一种是以20世纪30年代盖洛普民意测验为代表的现代舆论调查，通过一定规模的社会样本调查公众对政治、社会问题的观点和态度。二是将新闻媒介作为反映社会舆情的主要载体，从中认识社会舆论生态。希瑟·萨维尼（Heather Savigny）认为，在当代社会，公众意见由大众媒介调节，两者彼此影响形成了尤尔根·哈贝马斯（Jürgen Habermas）所言的“公共领域”。在此意义上，人们关于舆情的认知框架乃是由媒介把关人建构的拟态环境决定的。简言之，我们可以使用直接调查和间接调查的方法认识舆情。

二、舆情的本土实践

诞生在中国语境下的“舆情”其实是一个非常复杂的概念，综合反映了执政者如何看待互联网出现后汹涌翻腾的民意。虽然国外有和“舆情”相近的英文词组 public opinion 和 public sentiment，在国内也有常和舆情交互使用的“舆论”“民意”等，但必须明确的是舆情是一个具有中国特色的本土化概念，具有独特性内涵，这个概念随着本土实践也更具鲜明特色。

中国新媒体舆情表达与治理是伴随中国互联网的发展而成长起来的。从制度规范来看，我国十分重视制定与互联网相关的政策法规。国家互联网信息办公室官方网站显示，自1994年到2019年底，我国共出台与互联网相关的法律

① 翟作君，蒋志彦. 1996. 中国学生运动史. 上海：学林出版社：11.

法规有：4 部法律、9 部行政法规、14 个部门规章、17 个规范性文件[①]。其中大多与互联网信息内容和管理有直接关系。综合舆情议题、技术发展、法规等多个维度，本书认为可将中国新媒体舆情的发展史粗略划分为以下四个阶段。需要说明的是，这四个阶段的划分基本按照时间发展进行梳理，出于对新媒体舆情认识的需要，不得不采用这种粗线条扫描的方法进行划分。此外，笔者对每个阶段内与舆情发展较为密切的特征做了简要描述和分析。

（一）新媒体舆情的萌芽阶段（1994—2002 年）

1. 技术层面——舆情表达可能性与限制性并存

互联网的出现为舆情表达和裂变式传播提供了可能性。1994 年 4 月 20 日，中国通过一条 64K 国际专线全功能接入国际互联网，中国互联网时代由此开

① 4 部法律：《中华人民共和国电子签名法》（2005 年 4 月 1 日起施行）、《中华人民共和国网络安全法》（2017 年 6 月 1 日起施行）、《中华人民共和国电子商务法》（2019 年 1 月 1 日起施行）、《中华人民共和国密码法》（2020 年 1 月 1 日起施行）；9 部行政法规：《中华人民共和国计算机信息系统安全保护条例》（1994 年 2 月 18 日起施行）、《中华人民共和国计算机信息网络国际联网管理暂行规定》（1996 年 2 月 1 日公布并施行）、《计算机信息网络国际联网安全保护管理办法》（1997 年 12 月 30 日起施行）、《中华人民共和国电信条例》（2000 年 9 月 25 日起施行）、《互联网信息服务管理办法》（2000 年 9 月 25 日起施行）、《计算机软件保护条例》（2002 年 1 月 1 日起施行）、《外商投资电信企业管理规定》（2002 年 1 月 1 日起施行）、《互联网上网服务营业场所管理条例》（2002 年 11 月 15 日起施行）、《信息网络传播权保护条例》（2006 年 7 月 1 日起施行）；14 个部门规章：《互联网等信息网络传播视听节目管理办法》（2004 年 10 月 11 日起施行）、《互联网视听节目服务管理规定》（2008 年 1 月 31 日起施行）、《外国机构在中国境内提供金融信息服务管理规定》（2009 年 6 月 1 日起施行）、《互联网文化管理暂行规定》（2011 年 4 月 1 日起施行）、《规范互联网信息服务市场秩序若干规定》（2012 年 3 月 15 日起施行）、《电信和互联网用户个人信息保护规定》（2013 年 9 月 1 日起施行）、《网络出版服务管理规定》（2016 年 3 月 10 日起施行）、《互联网信息内容管理行政执法程序规定》（2017 年 6 月 1 日起施行）、《互联网新闻信息服务管理规定》（2017 年 6 月 1 日起施行）、《互联网域名管理办法》（2017 年 11 月 1 日起施行）、《儿童个人信息网络保护规定》（2019 年 10 月 1 日起施行）、《区块链信息服务管理规定》（2019 年 2 月 15 日起施行）、《网络信息内容生态治理规定》（2020 年 3 月 1 日起施行）、《网络安全审查办法》（2020 年 6 月 1 日起实施）；17 个规范性文件：《即时通信工具公众信息服务发展管理暂行规定》（2014 年 8 月 7 日起施行）、《互联网用户账号名称管理规定》（2015 年 3 月 1 日施行）、《互联网危险物品信息发布管理规定》（2015 年 3 月 1 日起执行）、《互联网新闻信息服务单位约谈工作规定》（2015 年 6 月 1 日起实施）、《互联网信息搜索服务管理规定》（2016 年 8 月 1 日起施行）、《移动互联网应用程序信息服务管理规定》（2016 年 8 月 1 日起施行）、《互联网直播服务管理规定》（2016 年 12 月 1 日起施行）、《互联网新闻信息服务许可管理实施细则》（2017 年 6 月 1 日起施行）、《互联网论坛社区服务管理规定》（2017 年 10 月 1 日起施行）、《互联网跟帖评论服务管理规定》（2017 年 10 月 1 日起施行）、《互联网群组信息服务管理规定》（2017 年 10 月 8 日起施行）、《互联网用户公众账号信息服务管理规定》（2017 年 10 月 8 日起施行）、《互联网新闻信息服务新技术新应用安全评估管理规定》（2017 年 12 月 1 日起施行）、《互联网新闻信息服务单位内容管理从业人员管理办法》（2017 年 12 月 1 日起施行）、《微博客信息服务管理规定》（2018 年 3 月 20 日起施行）、《云计算服务安全评估办法》（2019 年 9 月 1 日起施行）、《网络音视频信息服务管理规定》（2020 年 1 月 1 日起施行）。

始。但在接入初期，互联网并不能为普通公众提供服务，而是局限在政府、某些大学和研究机构等小范围内，这样的小范围“硬伤”直接限制了“舆情之为舆情”的可能性。1997 年，中国互联网络信息中心（China Internet Network Information Center，CNNIC）发布的第 1 次《中国互联网络发展状况统计报告》显示，当时中国上网计算机数共计 29.9 万台，上网用户数为 62 万，WWW 站点数约 1500 个，上网收费贵和上网速度慢是影响中国互联网发展的两大障碍。该阶段内，“39.6%的用户希望在网上获得商业资讯，32.8%的用户希望从网上获得金融信息，80.4%的用户希望在网上获得科技信息，42%的用户希望在网上获得社会新闻，24.8%的用户希望在网上获得休闲信息”。[①]从用户的网络期待中可以总结两个特征：①中国互联网早期，用户获取信息的需求远远大于表达的需求；②对商业、金融、科技等信息获取的需求与用户从事的职业密切相关，科研、教育、计算机三大行业的用户占互联网用户的大多数。当时，网民还并未表现出将互联网作为表达个人观点和态度的平台的意识，在经历了短暂的互联网适应期后，这种情况大有改观。

2. 议题层面——集中于宏大、抽象的爱国议题

随着互联网的广泛应用和逐渐普及，从 1999 年开始，网络舆情开始在中国互联网上大批量涌现。因为互联网的出现，自古以来一直被“代言”而处于长期沉默的民意突然变得高度可见。互联网在北约轰炸中国驻南斯拉夫大使馆事件、广西南丹矿难事件、南海撞机事件等重大事件中起到一定的催化和激发作用。在此期间，政府对网络舆情干预较少，网民对内政外交中大事件的情感和态度在网络世界有了充分的展示空间。特别是 1999 年被称作“中文第一时政论坛”的“强国论坛”成立后，网络舆情通过网络论坛得到了发展。显而易见，这个阶段引发网络舆情的重要驱动力主要是民族主义和爱国主义情绪，议题涉及面相对狭窄。

3. 规制层面——行政力量介入少，客观支持了舆情的发展

从我国出台的法律法规中可以窥见国家在舆情治理、舆情发展动向方面的

---

① 中国互联网络信息中心. 1997. 中国互联网络发展状况统计报告（1997/10）. https://www.cnnic.net.cn/hlwfzyj/hlwxzbg/200905/P020120709345374625930.pdf [2020-1-3].

主导性力量。我国网络治理法治建设是在承继传统邮政、电信、广播、电视“多元主体、上下统一、集中管控”的管理体制机制及其运行模式的基础上逐步发展起来的。到了互联网进入中国后发展的第一阶段，这种思维模式依旧很明显，但是协同治理的思路已经开始显现。1993 年国务院批准成立国家经济信息化联席会议，这意味着中国互联网信息管理由传统的“分业管理”向现代网络管理应用和国际互联网转变的条件基本具备。2002 年党的十六大报告中指出：“要完善深入了解民情、充分反映民意、广泛集中民智、切实珍惜民力的决策机制，推进决策科学化民主化。”[①]因此，国内新媒体舆情研究的兴起主要源于面对数字技术带来的全面革新，政府决策观念和政治回应方式的改变。

总而言之，本阶段内，公众对上网的硬件需求普遍不能得到满足，并且这些需求集中在某些行业领域；舆情爆发议题较为集中，更多地聚焦于宏大的国家与民族层面；作为一种新生事物，国家规制处于探索学习阶段，政府力量介入较少。

（二）新媒体舆情的爆发阶段（2003—2009 年）

中国新媒体舆情在第二阶段的快速发展主要得益于两方面的原因，一方面是公众自下而上的推动，法治意识觉醒和个人意见表达成为该阶段舆情发展的重要体现。2003 年被称为网络舆论元年，因为两个大事件，2003 年注定是值得纪念的一年：非典事件和孙志刚事件。特别是后者已然成为一个符号，既是新闻史和法制史上的重要符号，也是分析中国网络公共事件的一个重要符号，同时也是分析网络舆情的重要符号，因为孙志刚事件在被以《南方都市报》为代表的大众媒体广泛报道后，在互联网上引起了极大的关注和讨论。另一方面是中央高层领导对网络的重视，这一信息通过新华社在 2003 年首次披露，中央领导人通过网络与网民直接在线沟通，一时成为热议话题。除了高层领导亲自上网了解民意外，还有专门的工作人员每天从网上搜集重要信息，并以“互联网舆情”等多种形式报送领导决策参考等其他途径。比如，新华网等中央媒体开始将电子版的《网络舆情》报送相关部门，之后更多中央和地方领导人逐步上网、对网络声音予以回应，中国的新闻发布也从这一年开始了制度化进程。这一阶段新媒体舆情快速发展的特点表现在以下几个方面。

---

① 佚名. 2012. 江泽民同志在党的十六大上所作报告全文. http://www.china.com.cn/guoqing/2012-10/17/content_26821180_6.htm [2020-1-3].

1. 政府主导的舆情产业诞生与市场化转型

2004年，党的十六届四中全会通过《中共中央关于加强党的执政能力建设的决定》，明确提出要“建立社会舆情汇集和分析机制，畅通社情民意反映渠道”[①]。在此阶段内，舆情监测、研判和应对等内容成为各级党政部门的一项重要工作。舆情汇集与分析机制也在各级政府中建立起来，政府办公室、新闻办公室、宣传部门都开始注意网民言论和态度。互联网带来了指数级增长的网络舆情信息，使党和政府开始意识到：“开展舆情信息工作，需要广泛调动各级各部门的积极参与，需要运用现代化的技术手段进行信息采集和传输，需要经常深入基层、深入实际进行调查研究……新形势新任务要求我们进一步加快舆情信息工作自动化的进程，努力建立起以电子计算机为基础的舆情信息管理系统。”“应加强网上舆情监测和分析软件的研究开发，以科技手段建立和完善对网上舆情的分析处理体系；科学制定舆情信息工作技术装备规划，有计划有步骤地推进……根据需要和可能，制定详细可行的舆情信息工作化建设与工作安排，争取尽早纳入财政预算盘子，进入政府采购程序。”[②]自此，各级政府对专业化的舆情监测服务系统的需求开始凸显，一方面，专业软件公司应运而生，积极开发相关产品。2006年，北京北大方正电子有限公司正式确立了网络舆情业务方向，并组成了专业技术研发团队，主要做舆情分析基础技术研发、舆情应用产品开发、网络舆情项目等。另一方面，主流媒体也开始发力研究技术层面的舆情监测，例如，人民日报社及其分支机构在2006年也开始进行智能搜索引擎和网络舆情研究，并成立网络舆情信息研究课题小组。

2008年之前，舆情产品主要在体制内循环，无论是中央还是地方政府，都面临及时回应公众关切、合理引导舆论的压力。直接导致的后果之一就是“网络问政元年”的到来，各级政府开始对社会和网络舆情予以高度重视。但从该年起，舆情行业出现商业化转型的迹象。2008年，人民网舆情监测室正式组建（2017年更名为“人民网舆情数据中心”），这成为此后行业的标志性大事件，其虽然由《人民日报》建设的以新闻为主的大型网上信息发布平台人民网控股，并且不断表明自己的党媒属性和官方色彩，但同时又是一个自负盈亏

① 新华社. 2008. 中共中央关于加强党的执政能力建设的决定. http://www.gov.cn/test/2008-08/20/content_1075279.htm [2021-1-2].

② 中共中央宣传部舆情信息局. 2006. 舆情信息工作概论. 北京：学习出版社：189，191-192.

的商业性互联网咨询公司，需要争取市场份额和客户。人民网舆情监测室创办了国家重点新闻网站首家舆情专业频道——人民网舆情频道。到 2009 年，中国市场上已有 30 家左右舆情监测软件公司创立，并且不管是谷尼国际软件（北京）有限公司（简称谷尼国际软件，Goonie International Software）等商业公司，还是艾利艾智库这样有中国传媒大学背景的研究机构，都对官方进行网络舆情监测给出相当正面、积极的解释，笔者认为利用这些系统进行敏感词或负面信息搜索并非官方的主要目的，其主要目的还是通过网络了解社情民意。

2. 舆情分析师行业逐渐兴起

早期的舆情监测和危机管理的专业人士主要是传统的新闻工作者，当时还没有专门的舆情分析师一职。从中共中央宣传部舆情信息局编著的《舆情信息工作概论》与《舆情信息汇集分析机制研究》来看，该时期的舆情收集方法主要以体制内的人工收集为主，一些地方政府、机构仿照中华人民共和国成立初期的宣传员模式，招聘特约舆情信息员、兼职社会舆情信息员等，有些高校也成立了舆情信息报送站、大学生舆情信息协会，招聘学生兼职舆情信息报送员，虽然很多人在从事着舆情分析工作，但是这种早期非职业性的“舆情分析师”更多的是兼职性质。

3. 舆情研究成果和产品增多

2003 年，天津社会科学院舆情研究所的王来华出版了中国早期舆情研究理论专著《舆情研究概论——理论、方法和现实热点》。天津社会科学院舆情研究所也成为国内舆情研究的重镇，出版和发表了不少研究成果。此后，随着互联网的普及，对网络舆情的研究开始出现，2007 年，刘毅的《网络舆情研究概论》被认为是国内早期网络舆情研究的专著之一。

该阶段内的 2008 年也是众多叙事话语中的重要节点，甚至被称为“网络问政元年”，此时，主要依靠媒体单位推行的网络舆情监测产品逐渐增多。2008 年 6 月，人民网舆情监测室出版国内舆情领域唯一一份具有正式刊号的内参——《网络舆情》；同年 7 月，应最高人民检察院要求，检察日报社主办的正义网同样开始监测网络舆情，出版《涉检网络舆情》及《政法网络舆情》。中国人民大学舆论研究所 2008 年 12 月开始对网络舆情进行监测，每年都对上一年的整体社会舆情态势进行量化和直观化的盘点和分析。这些由媒体、高校及其网站主办的舆情信息类产品往往逐渐从发行范围极其有限的内部版、参考版，向半公开甚至全公开发行转变。很快网络舆情监测和研究成为一个专门产业在国内迅速发展，“网络舆情”“线上舆情”甚至演变成了专门词汇。

（三）新媒体舆情的全面发展阶段（2010—2013 年）

该阶段内，市场上已经存在上百种工业和信息化部信息化和软件服务业司认证并登记的“舆情”软件，更有大量未经认证的同类软件。这从侧面可以看出，国内更加重视对舆情的专业要求和舆情监控效果。经过 2003 年的非典考验，2010 年“甲型 H1N1 流感”中公众的信息辨别意识明显提高，政府也从信息公开的被动局面向主动设置议程、有效公开的方向发展。与非典相比，2010 年的疫情并未造成全国范围的恐慌，其根本原因自然离不开疫情的严重程度远不及非典，但这一事件也体现了中国政府对网络舆论的认识逐步深入，网络舆情也逐步走向了可防可控的状态。

1. 社交化、移动化、大数据成为促进舆情发展的新动力

从 2009 年 8 月门户网站新浪网推出“新浪微博”内测版到 2013 年，这一阶段成为新媒体舆情大爆发的辉煌时段。以社交网络服务（Social Networking Services，SNS）为代表的社交媒体（social media）的高度发展，不但改变了人们获取新闻信息的方式，而且极大地刺激了普通网民对生活世界中的热点、痛点、难点、疑点等发表个人观点和看法，整个舆论场格局都面临着从以大众传播为主导向人际传播为主导的方向转变。传统媒体曾经一度垄断新闻生产，但是越来越多的突发事件，尤其是特大和重大突发事件首先被在“第一现场”的网民发现，并公之于众，也有一些热点舆情事件由网民自主设置议程，传统媒体处于缺位的情况时有发生。2011 年引发中国红十字会地震的“郭美美事件”就是以网民群体不断“爆料”、评论跟帖实现话题的议程设置，最终使该事件成为当年舆论关注度最高的事件之一。以网易新闻客户端为例，网易新闻跟帖的特色服务拥有相当多的黏性用户，“无跟帖不新闻”的理念吸引了大量的用户参与评论。

基于互联网和移动通信技术的迅猛发展，“人人都有麦克风”“人人都是记者”的理念传播甚广。特别是随着智能设备普及率的不断提升，更多网民实

现了“随手拍”“随时写”“随时传播”，加之微博、微信、微视频等新应用的加持，舆情演化更为复杂，搜狐新闻、网易新闻、腾讯新闻、凤凰新闻等客户端初步实现了移动全媒体平台的目标，社交化、移动化的网络空间成为舆情发生的重要阵地。这一进程也成就了一大批网络意见领袖，动辄粉丝上千万的网络大V[①]在社交平台上影响甚大，直到2013年，在国家互联网信息办公室举办的“网络名人社会责任论坛”上，由网络名人达成共识提出“七条底线”之后[②]，部分中央新闻网站、网络服务提供商加大了网络空间监管，配合国家层面的网络空间治理行动，扰乱信息传播秩序的跟帖评论乱象得到初步整治。

2012 年英国牛津大学教授维克托•迈尔-舍恩伯格（Viktor Mayer-Schönberger）的《大数据时代》成为畅销书，大数据（big data）成为学界和业界的共同热点。最早提出“大数据”时代到来的全球知名咨询公司麦肯锡报告称：“对大数据的有效利用将成为经济转型的潜在要素，这会激发一股生产率增长和消费者盈余的新浪潮。大数据应用将构成现有企业竞争力的关键性基础，并将创造新的竞争对手，吸引那些在大数据世界中具有关键技能的员工。”[③]迈尔-舍恩伯格认为，大数据带来的信息风暴正在改变我们的生活、工作和思维，是人们获得新认知、创造新价值的源泉，还可能改变人们与社会组织之间的关系，同时，在网络舆情走势中，“大数据”因素的表现也极为突出。中国大数据信息研发与应用的国际交流也更加频繁和深入。

2. 舆情出现“负面”标签

值得注意的是，除了移动化、社交化媒体带来的新动力的正向表现之外，社会开始赋予舆情行业一定的负面标签，诸如“噤声”“消除异见”“灭火”等。这里有几个问题有必要澄清：第一，将“舆情治理”等同于“网络噤声”是对舆情行业的片面看法。舆情治理是政府公共治理的重要组成部分，在“加

---

① 大V是指在微博平台上获得个人认证并拥有众多粉丝的用户，由于经过认证的微博用户昵称都会附有“V”的标志，一般而言，网民将此类用户称为大V。但学界对网络空间中意见领袖的大V、中V和小V的划分并没有统一标准，微博平台上的划分可做参考，一般认为微博粉丝数在100万以上的是“大V”，30万—100万粉丝数的是“中V”，少于30万粉丝的意见领袖称为“小V”。

② “七条底线”是指法律法规底线、社会主义制度底线、国家利益底线、公民合法权益底线、社会公共秩序底线、道德风尚底线、信息真实性底线。

③ Manyika, J., Chui, M., Brown, B., et al. 2011. Big data: The next frontier for innovation, competition, and productivity. http://www.mckinsey.com/insights/business_technology/big_data_the_next_frontier_for_innovation [2021-1-2].

强和创新社会治理”、提高“国家治理体系和治理能力现代化水平”背景下①，舆情治理意味着强化官民沟通、构建现代社会双向有效沟通的路径，但是在政府从管理到治理的思维转型过程中，难免会出现个别地方和部门对舆情治理思想理解得不深入、不透彻，进而采取偏激化做法的现象。第二，舆情治理的常规动作就是“删帖”“屏蔽”“敏感词过滤”，网络空间活跃着“网络水军”“网络打手”的身影，对这些现象进行分析时，往往会忽视互联网治理的重要主体，即互联网服务商。当前引发网民不满的部分原因是互联网服务商管理不当造成了失误。国家对内容服务商提出了监管网络的义务和责任，但是，很多情况下，政府出台一个政策文件，内容服务商会在这个基础上层层加码、过度审查，具体表现为敏感词库不断扩大，收录标准不断提高，导致“404 网页不见了”“此帖已被删除”等现象屡见不鲜，这已成为网民借以调侃、表达无奈和不满的重要原因。考虑到互联网对舆情事件的传播扩散和极速催化作用，治理主体需要出台针对舆情信息“事前—事中—事后”不同阶段的监管措施。事实上我国出台的法律法规对信息服务提供者和信息内容生产者不得制作、复制、发布、传播的内容信息都有详细规定②。第三，随着大量商业网站、广告公司、营销公司和公关公司等纷纷涉足舆情业务后，某些不当做法确实影响了舆情的生态环境。例如，2018 年 6 月，广东省舆情大数据工程技术中心、南都大数据研究院、广州市舆情大数据重点研究基地、暨南大学传播与国家治理研究院、暨南大学新闻与传播学院传播大数据创新实验室五个部门联合发布的

---

① 习近平. 2017. 决胜全面建成小康社会 夺取新时代中国特色社会主义伟大胜利——在中国共产党第十九次全国代表大会上的报告. http://www.12371.cn/2017/10/27/ARTI1509103656574313.shtml [2020-3-6].

② 根据《互联网信息服务管理办法》第十五条，互联网信息服务提供者不得制作、复制、发布、传播的九大类信息（“九不准”）包括：“（一）反对宪法所确定的基本原则的；（二）危害国家安全，泄露国家秘密，颠覆国家政权，破坏国家统一的；（三）损害国家荣誉和利益的；（四）煽动民族仇恨、民族歧视，破坏民族团结的；（五）破坏国家宗教政策，宣扬邪教和封建迷信的；（六）散布谣言，扰乱社会秩序，破坏社会稳定的；（七）散布淫秽、色情、赌博、暴力、凶杀、恐怖或者教唆犯罪的；（八）侮辱或者诽谤他人，侵害他人合法权益的；（九）含有法律、行政法规禁止的其他内容的。”根据《网络信息生态内容治理规定》第六条，“网络信息内容生产者不得制作、复制、发布含有下列内容的违法信息：（一）反对宪法所确定的基本原则的；（二）危害国家安全，泄露国家秘密，颠覆国家政权，破坏国家统一的；（三）损害国家荣誉和利益的；（四）歪曲、丑化、亵渎、否定英雄烈士事迹和精神，以侮辱、诽谤或者其他方式侵害英雄烈士的姓名、肖像、名誉、荣誉的；（五）宣扬恐怖主义、极端主义或者煽动实施恐怖活动、极端主义活动的；（六）煽动民族仇恨、民族歧视，破坏民族团结的；（七）破坏国家宗教政策，宣扬邪教和封建迷信的；（八）散布谣言，扰乱经济秩序和社会秩序的；（九）散布淫秽、色情、赌博、暴力、凶杀、恐怖或者教唆犯罪的；（十）侮辱或者诽谤他人，侵害他人名誉、隐私和其他合法权益的；（十一）法律、行政法规禁止的其他内容”。

《"网络黑公关"研究报告》显示："'黑公关'打着'公关'的旗号，按照纯粹的商业目的在网上发布虚假新闻或评论，以诋毁和诽谤目标企业和个体来获益。"[①]很多在网络空间喧嚣一时的所谓"新闻""爆点"有可能是一些公司或不良机构人为制造的，这也是网络舆情不等于社情民意的原因之一。第四，个体行为也会给舆情行业带来负面影响。例如，官员利用权力安排人员协调删帖，"表哥"杨达才在被查之前，网上涌现过大量举报帖，而不少提供"删帖服务"的"权力掮客"都曾删过与"表哥"相关的举报帖。另外，也有网警涉入其中。为了更好地维护健康有序的网络环境，及时发现网络各种违法犯罪信息和有害信息，中国建立了 24 小时巡查的网警常态化公开巡查执法机制。然而，也有网警利用这种职务权力进行寻租，2009 年 8 月到 2012 年 8 月，海口市公安局网络警察支队一大队原副大队长魏一宁帮助他人删帖收受巨额好处费，最终被判处有期徒刑 10 年。

3. 官方为舆情从业者"正名"

2010 年湖南省第十一届人民代表大会第三次会议上，"网络民意"首次被写进省政府工作报告。舆情分析师属于新兴职业，早期从事"网络民意"分析的舆情工作者大多来自传统的新闻机构。2012 年 6 月，工业和信息化部电子科学技术情报研究所网络舆情研究中心成立全国网络舆情技能水平考试管理中心，通过全国网络舆情技能水平考试，对网络舆情分析师和网络舆情管理师进行认证，而这个时期舆情分析师的构成更加多元，除了媒体从业者之外，还包含了统计学人才、图表制作高手、网络调查学者、智库专家等等。在舆情行业正在成为朝阳产业的进程中，国内一些高校也开始设置与舆情相关的研究中心和教学方向，例如中国人民大学、复旦大学、暨南大学等高校均设有舆情研究机构。在当前整个风险社会语境下，政府、公共机构、企业等组织对舆情行业本身的需求性非常大，因此这也促进了教学和研究的丰富、深化。2013 年，人力资源和社会保障部将网络舆情分析师正式纳入人力资源和社会保障部中国就业培训技术指导中心（China Employment Training Technical Instruction Center，CETTIC）职业培训序列，授权人民网舆情监测室负责全国网络舆情

---

① 广东省舆情大数据工程技术中心，南都大数据研究院，广州市舆情大数据重点研究基地，等. 2018. "网络黑公关"研究报告. https://www.docin.com/p-2116618275.html [2021-1-2].

分析师的培训和考核工作。

（四）新媒体舆情的深化发展阶段（2014 年至今）

1. 舆情产业链业已形成

北美产业分类体系（North American Industry Classification System，NAICS）将信息产业划分为出版业、电影与音像业、广播电视与电信业、信息和数据处理服务业，信息和数据处理服务业正式作为一种产业被认可。中国的舆情市场亦在短短数年间迅速形成政府、媒体、教育科研、软件和商业并驾齐驱的行业格局。到 2013 年，中国的舆情产业已成为一个多门类、复合型的知识密集型产业，形成了以“官商媒教”为背景的产业格局，以及“政用产学研”的产业链生态，其产品及服务涵盖了软件支持、风险管理、危机应对等一系列内容，产业形态已初步形成。这条产业链上游是政府部门及众多大型企业等客户，中游是舆情监测服务机构与市场咨询公司，同时也催生了下游产业——网络删帖公司及危机公关公司。2014 年，国务院授权重新组建的国家互联网信息办公室负责全国互联网信息内容管理工作，该办公室同时负责监督管理执法，这意味着重新组建后的国家互联网信息办公室在统筹协调指导互联网信息服务时拥有了更大空间。

2. 舆情研究的学科化趋向凸显

“任何一门学科（或较大的学科群）都必须以学术要求与社会实践的某种特殊的、不断变化的融合为基础。这些要求和实践相互支撑，然后又得到该学科或门类的制度化再生产的不断增强。”[①]只有实践层面和理论研究层面共同推动，才有可能构建一门新学科。近些年来，舆情研究和分析的学科化趋向不断凸显。实践层面：2014 年，政府将舆情监测作为政府购买服务的项目纳入指导目录里面，因此各级政府部门花费十多万元到百万元不等的价格购买舆情监测服务。由于各地的经济水平和社会需求存在差异，对舆情监测服务的购买能力也不甚相同，有的部门购买全套舆情监测系统，有的购买某项服务。政府允许社会力量提供系列舆情服务，这催生了舆情的进一步“产品化”。产品化

---

① 华勒斯坦，儒玛，凯勒，等. 1997. 开放社会科学：重建社会科学报告书. 刘锋译. 北京：生活·读书·新知三联书店：53.

意味着舆情产品在市场上要经过优胜劣汰的竞争，使得其精准性、有效性都有保障，从而推动舆情分析行业的专业化、团队化、项目化、资本化趋势。随着大数据、物联网、人工智能、云计算等新技术的发展和迭代，舆情公司纷纷加快向大数据公司转型的进度。目前，不管是媒体派的人民网舆情数据中心，还是高校和科研院所的舆情调查机构，更不用说专业舆情服务公司，全天候 24 小时不间断监测，全面涵盖传统媒体、新闻网站、三微一端等媒体平台的网民数字痕迹成为对外宣传的标配。理论研究层面：除齐中祥主编的《舆情学》（2015，江苏人民出版社）专门以“学”命名出版之外，还有多种著作出版，比如刘怡君等的《社会舆情的网络分析方法与建模仿真》（2016，科学出版社）、饶元编著的《舆情计算方法与技术》（2016，电子工业出版社）等从定量和技术层面研究的代表性著作，也有彭铁元的《网络舆情管理学》（2015，湖北教育出版社）、方雪琴等的《网络舆情平抑的修辞策略》（2018，中国社会科学出版社）等主要以理论阐释方法建构舆情理论的专著。且不论舆情研究是否已经成为国内外学界正式认可的一门新学科，但是国内产学研合作下的舆情研究确实正在向更加专业化的方向发展。

3. 舆情：从政治性转向公共性

2016 年国务院办公厅印发的《关于在政务公开工作中进一步做好政务舆情回应的通知》指出：“随着互联网的迅猛发展，新型传播方式不断涌现，政府的施政环境发生深刻变化，舆情事件频发多发，加强政务公开、做好政务舆情回应日益成为政府提升治理能力的内在要求。”以往，舆情产业响应政府负面信息监测、预警为主的需求，“以‘负面突发事件发现—事件传播过程监测—公共危机应对处理’为链条进行建构和开发，逐步形成了‘事件监测—传播分析—危机公关’的业务发展思路和产业链。然而，这样的发展思路和产业链显然难以满足舆情与治国理政、舆情与舆论引导的发展新要求”[①]。舆情的内涵和外延都面临扩展的现状，“舆情”被纳入官方话语体系，成为政治治理的重要内容；进入经济领域，具备经济属性，成为商业资本的利润来源；舆情还是处理公共关系必须“应对”的对象，又成为相关部门和组织公关工作的主要内容。但是除此之外，新媒体舆情还具备公共性的特质。公共性概念意涵

① 杨斌艳. 2016-12-29. 舆情产业发展新业态. 中国社会科学报，008.

丰富，涵盖公开、平等、公正、公益、批判等多重含义，因此舆情的公共性特质要求舆情不仅尽可能还原社会真实民意，凝聚社会最大公约数，而且还应当在具体实践中，在社会公共领域的构建过程中秉承公共性精神，辅助社会治理。

4. 大数据与算法助力舆情发展

近几年来，基于大数据的算法极大地拓展了舆情的研究视野和方法，基于文本平均相似度的 *k* 均值聚类算法（*k*-means clustering algorithm）可提升微博短文本的聚类精度和聚类稳定性；基于最小二乘法的多项式拟合法讨论突发事件网络舆情的演化过程和演化规律；利用条件随机场的模型可识别网民评论对象；基于 Single-Pass 算法思想研究网络话题的在线聚类方法，可用来监测网络信息的动态变化；利用贝叶斯信息增益最大化准则的 X-means 迭代聚类筛选模型可以有效找到网络空间的意见领袖；通过利用改进 SEIR（包括 Susceptible、Exposed、Infectious、Recovered 四个阶段）传染病模型预测复杂社交网络的网络舆情传播，进而预测微博转发路径与转发次数，等等。越来越多的舆情研究者和业界从业者将算法引入舆情监测与分析行业，使新媒体舆情的专业性和科学性进一步凸显，特别是 2012 年以来随着社交媒体带来的数据激增，通过海量数据“饲喂”的算法能够达到精准监测、网格化治理舆情的目的。

综上所述，舆情在中国的本土化实践获得长足发展，其动力主要来自四大方面。首先是政策主导。在舆情行业发展中，政府无疑处于主导性位置，在经历互联网之初的经济发展之后，官方很快意识到互联网对既有舆论引导思路的深层变革，很多地方也将舆情应对和管理作为干部培训的必修课。《2013-2017 年湖南省干部教育培训规划》中指出：“加强网络宣传、舆情引导等方面的培训，提高干部善待善用善管媒体的能力。”[①]党的十八届三中全会发布的《中共中央关于全面深化改革若干重大问题的决定》指出：“健全网络突发事件处置机制，形成正面引导和依法管理相结合的网络舆论工作格局。”[②]不断出台的相关政策成为促进舆情行业发展的政治资源。在相关政策鼓励之下，地方政

① 谭旭燕. 2013. 要学舆情引导，还要学心理与礼仪. http://epaper.xxcb.cn/xxcba/html/2013-12/26/content_2756712.htm [2020-3-6].

② 新华社. 2013. 中共中央关于全面深化改革若干重大问题的决定. http://www.gov.cn/jrzg/2013-11/15/content_2528179.htm [2020-3-6].

府采购所激活的市场规模已有数十亿元，伴随着“地方标配”体系的逐步成型，产业规模将日益倍增。其次是技术革新。随着网络与新媒体技术的突飞猛进，人们的沟通交往方式也更加多元。从纯文字表达，到文字、表情包、音视频等多文本表达，从 web1.0 时代的单向互动到 web2.0 时代的双向互动，再到 web3.0 时代的智能沟通和 web4.0 时代的万物互联，每一次技术革新都给公众拓展一个新的话语空间。当下随着中国 5G 发展进入全面落实阶段，量子信息技术、人工智能、云计算、大数据、区块链、虚拟现实等技术方兴未艾，相信这些技术并不单单是“术”，而会孕育出新型的舆情业态。再次是社会需求。在社会转型期和改革攻坚期的双重压力下，中国社会的结构性矛盾也逐渐凸显，拆迁补偿、业主租户、消费者利益、医患关系、学校招生等社会各个领域、各个层面都存在一些矛盾，如果不及时处理这些矛盾会给利益当事人特别是责任承担者带来巨大压力。因此，做好基于大数据开展的舆情分析、社情研判，以建设公共危机风险评估系统与风险管理系统，是当前社会的强烈需求。最后是资金投入。舆情产业网投资较大，技术更新频率快，成本高，团队化协作程度高，因此需要大量的资金投入。当前支持舆情行业发展的资金投入主要有四个来源：其一是供科学研究的国家社会科学基金，一般以项目资助的形式支持高校或研究院对舆情展开研究，理论性较强；其二是政府以财政支出形式购买的舆情服务，舆情产品侧重以政府需求生产的研究专报、舆情简报等多种形式，供决策参考；其三是专业媒体机构，例如人民网就将“舆情监测室”打造为一个品牌；其四是第三方企业，这类企业专业从事互联网大数据分析，合作客户比较多元。国内目前比较知名的舆情监测品牌企业有湖南蚁坊软件股份有限公司、北京清博大数据科技有限公司、慧科讯业（北京）网络科技有限公司等，这类企业也正因为其专业性质，资金投入最多。

第二节 新媒体舆情发展的三重逻辑

新媒体的舆情发展暗含三重逻辑，即社会逻辑、技术逻辑和治理逻辑。社会逻辑下的新媒体舆情生产主要是源于改革开放后新的社会中间阶层[①]的出现。作为新兴的社会力量，中间阶层的利益表达、权利诉求等成为巩固自身社

① 当前学界对中间阶层（有称中产阶级，有称中等收入群体）的界定和标准都较为模糊，并没有统一。依照不同划分标准，我国的中间阶层人数也有所差异。

会地位的重要手段，而以互联网为代表的新媒体让社会众多利益冲突的个体和组织的意见有了呈现的平台。不可否认，所谓“舆论撕裂”背后的确伴随着利益冲突的复杂化、社会群体的分层化以及结构转型的深层化，新问题、新矛盾、新焦点层出不穷。但必须明确的一个观点是，从绝对量上来说，并无法比较互联网时代与前互联网时代究竟哪一个阶段矛盾冲突更多。这涉及新媒体舆情发展的第二重逻辑，即互联网本身的技术逻辑。互联网让各种社会利益冲突可见是影响人们感知经济社会发展的重要变量。这种冲突的显性化会让人们有一个错觉，即互联网时代的利益冲突变多了，孕育于美苏冷战的互联网技术在 20 世纪 70 年代以后给普通人提供了表达个人意见的可能性。对于中国来说，虽然自古就有采风、设置肺石等汇集民意的做法，但是“人人都有发言权”的乌托邦式社会并不常见。随着以微博和微信为代表的社交媒体的持续高速发展、智能手机的广泛普及，传统媒体和网络新媒体共同推动发展的舆情事件愈发增多。在复杂的舆论博弈过程中，真相与事实、谣言与流言相互裹挟。国家管理者的治理逻辑成为推动新媒体舆情发展与规制的重要因素，其治理的内生动力一则源于提升现代化治国理政水平的自我要求，二则源于回应社会公众关切，进而保障公众知情权、参与权、表达权和监督权等政治权利的责任驱动。

一、社会逻辑：中间阶层利益冲突显性化

国家与社会的关系是政治生活中最基本也是最复杂的关系，我国改革开放前后，两者之间的关系已然发生了深刻变化。在改革开放前的历史条件下，高度集中的国家运行模式与一元化的意识形态宣传相结合，把社会成员严格地束缚在按照简单的身份等级划分的社会结构中，形成一种独特的社会政治现象。在此状态下，国家的权力空间获得极大拓展，社会作为一个独立领域几乎不存在了。改革开放后，随着社会主义现代化建设的不断推进，国家与社会的关系开始发生变化，表现为国家已经不能完全垄断各种社会资源，特别是经济资源开始向社会其他层面扩散，民间组织也获得了较大发展，从而使得高度集中的政治经济体制的特征开始削弱。“在中国的国家与社会关系变革过程中，公民社会的成长是国家政治体制改革的产物，国家又是范导公民社会使其不至于放任自流的力量；反过来，公民社会的发展也是改革传统官僚体制、转变政府治

理方式的推动力。”[①]特别是随着我国经济社会发展步入增长速度换挡期、结构调整阵痛期和前期刺激政策消化期“三期叠加”阶段，国家与社会、政府与公民等诸多关系面临新的调整。

按照社会成员或群体对社会资源占有多寡或观念差异，可以对一个社会系统进行分层，同一社会阶层的成员往往在态度、行为、价值观等方面具有一定程度的相似性。中间阶层是社会分层理论的一个核心概念，指介于社会上、下等级之间的阶层。中国的学界常用“中间阶层”或“中间阶级”，对应英语的middle class（中产阶级）。中产阶级的概念来自西方，有特殊的生长语境。故而学界也有用“中等收入群体”来代替中间阶层的建议。在社会分层理论视角下，“新中间阶层”概念表述的是在工业化社会结构中的社会地位分配系统里，其分布于竞争性较强、市场回报较高、具有特定社会影响力的不同职业。换言之，新中间阶层是一个异质性的地位群体集合概念，所指涉的群体通常在职业收入、权力、声望、教育等社会资源的分配中处于大致相同的、社会中等水平的地位状态。就现阶段中国社会结构转型的具体国情而论，新中间阶层的社会功能之一就是社会地位获得的示范功能。中国新中间阶层是伴随着中国经济的结构性转型而诞生的，我国人均收入、地域收入差距较大，中间阶层的设定标准较为困难。国内学界也尚未就中国新中间阶层的定义和指标达成共识。中国社会科学院曾把中国当代社会划分为国家与社会管理者、经理人员、私营企业主、专业技术人员、办事人员、个体工商户、商业服务人员、产业工人、农民、城市失业者和农村失地农民等十大阶层[②]。梁玉成和张海东对北京、上海、广州三地的社会中间阶层进行了调查，通过中间阶层的职业类型、家庭阶层定位、家庭住房等级、年收入、年支出等五个主客观指标分析了三个城市中间阶层的生活图景，该调查显示中间阶层的社会参与意识、社会组织参与度都高于非中间阶层[③]。此后，张海东等又对北京、上海、广州三地中个人阶层认同处于社会中间水平的新社会阶层进行了调查，发现这一群体与周围人讨论政

---

① 郁建兴，周俊. 2006. 中国公民社会研究的新进展. 马克思主义与现实，（3）：36-45.

② 李春玲，陈光金. 2004. 十大社会阶层的划分//陆学艺. 当代中国社会流动——中国社会阶层研究报告之二. 北京：社会科学文献出版社：1-24.

③ 梁玉成，张海东. 2015. 北京、上海、广州社会中间阶层调查报告//李培林，陈光金，张翼. 2016年中国社会形势分析与预测. 北京：社会科学文献出版社：189-218.

治问题、在互联网上讨论政治问题的比例都高于社会平均水平[①]。换言之，不管是按照客观指标测量的中间阶层，还是主观认知属于社会中间水平的新社会阶层，他们都体现出了独特的政治参与意识、社会态度和价值观念。

20 世纪 90 年代末，新华社原总编辑南振中首次提出在现实生活中存在的两个舆论场：一个是党报、国家电视台、国家通讯社等主流媒体着力营造的舆论场，忠实地宣传党和政府的方针政策，传播社会主义核心价值观；另一个是“民间舆论场”，老百姓主要通过人际传播议论时政。舆论场中既有官方自上而下的舆论引导，也有依靠论坛社区、微博、微信、微视频等社会化媒体的草根网民的“自由选择和表达”，更有中间阶层扩大后对更多公共事件的“有声”表述。此后也有一些学者提出了三个舆论场的概念，即官方舆论场、民间舆论场和国际社会舆论场。不同的舆论场之间虽有合流迹象，但更多地体现出撕裂和冲突特征。特别是近些年来学界在分析热、痛、难、疑等网络热点事件中的社会心理时出现一个新视角，即从中间阶层的不安全感和焦虑感进行解读，除了关注中间阶层崛起的社会背景和网络生态环境之外，也剖析了中间阶层的社会本质。在互联网世界，中间阶层是中国第一批网民，早期互联网世界的知识共享和社区建设是这部分人的心血结晶。有学者认为当代中国的一个奇特景观就是中等收入人群在明显地增长，但是很多人并不认为自己属于中间阶层中的一分子，自我认同、群体认同和社会认同都较弱。作为改革开放的同龄人，中间阶层的出现得益于社会转型，随改革开放而诞生，随改革开放的深化而壮大。他们拥护市场经济和公平竞争的原则，支持社会稳定。如此心态和社会地位决定了他们是党的拥护者，也决定了他们作为网络舆论场上的新生力量的诸多表现。中国国情研究会为“新中间阶层”提供了大致框架，即有较高的权利意识和一定的现代公民素养，对社会公共事务或政治、文化生活具有一定参与意识和能力。这一群体对舆情事件的讨论深度和广度影响较大，比如人身财产安全、人格尊严、法律保障、公平正义等议题逐渐超越反腐议题成为舆论焦点，这些舆论焦点正是和新中间阶层息息相关的。

从受众角度研究舆情传播的心理基础，需要回到历史与现实的交叉点，需要观照社会语境下的新现象和新力量。在中国处于转型期的当下，新中间阶层

---

① 张海东，杨城晨，赖思琦. 2016. 中国特大城市新社会阶层调研报告——基于北京、上海、广州的调查//李培林，陈光金，张翼. 2017 年中国社会形势分析与预测. 北京:社会科学文献出版社：117-218.

已经成为社会话语中的重要力量，在互联网空间里同样如此，其权利表达是如此强烈而不容忽视。随着中间阶层规模的扩大和话语力量的增强，其对表达渠道和平台的需求就变得十分必要。引发社会舆情不断发生、发展、发酵的除了社会逻辑之外，媒介技术本身带来的解放性力量不可忽视。

二、技术逻辑：数字媒体技术赋权的力量

截至目前，移动通信技术已经经历了1G到4G四个时代，正朝向第五代（5G）前进。中国信息通信研究院2017年发布的《5G经济社会影响白皮书》显示，5G移动通信技术的代际跃迁将使系统性能呈现指数级提升，前所未有的连接能力将会带来移动数据流量的爆炸式增长，我们也可以预测，随着5G时代提供峰值10Gbps以上的带宽、毫秒级时延和超高密度连接，新媒体舆情传播将会出现一些新型特性，在给网民带来智能化体验的同时，也会给舆情治理者带来更大的挑战。当前，信息通信技术正向社会各个行业和层次融合渗透，政治、经济和社会各领域向数字化转型升级的趋势更加明显。

众所周知，媒介技术已渗透到现代人日常生活的各个角落，可以说是我们的一种生存方式。通过各种媒介特别是基于互联网和通信技术的新媒体，我们可以在数字平台上获取信息、表达意见、与他人共享资源、建立社会关系等。一旦我们在网络上就某一事项公开表达态度、观点和意见，就会为形成新媒体舆情奠定基础。美国历史学家、佐治亚理工学院的梅尔文·克兰兹伯格（Melvin Kranzberg）教授提出了技术六定律，分别是：技术既无好坏，也非中立；发明是需求之母；技术往往成套出现；在技术政策制定时，非技术因素通常占主导地位；技术的历史具有极强的相关性；技术是人的一种活动。技术六定律通常被用来解释技术的神秘力量以及其对人类社会的各种影响，特别是第一条定律中关于技术的中立问题常常被人们讨论，“技术本身无所谓好坏，这取决于利用技术的人”的论调更为常见，而这也与加拿大西蒙弗雷泽大学传播学院教授达拉斯·斯迈思（Dallas Smythe）强调技术的非中立性不谋而合。后者在《自行车之后是什么？》一文中考察了技术的政治与意识形态属性，认为技术从来不是独立和自主的存在，从技术研发到应用，是一个政治过程。虽然斯迈思从技术政治视角过于强调了技术的阶级性，但是承认技术的非中立性却显而易见。此外，技术还常作为一种独立性力量存在，与政治、经济、文化等不同系统的力量相提并论，成就了一种技术赋权现象。技术赋权指涉通过技术因素

打破精英垄断话语市场、重新分配权力的过程。在某种意义上，技术的确具有一种解放性力量，比如新媒体技术内嵌着的自由、民主、平等等价值取向，使得普通公众无须依靠政治、经济力量便可以表达利益需求、提出个人诉求，这也难怪曼纽尔·卡斯特（Manuel Castells）将互联网作为毛泽东战略思想在电子领域的对等物[①]，借游击战中去中心化的战术特征来比喻没有集中中心控制的网络结构。互联网从诞生之初，就被视为改变现存社会关系和培育全新社会关系的一种革命性动力。因此，作为一种去中心化、交互性强的信息传播平台，互联网是否被科学理性认知关乎着网络空间新功能是否得以充分发挥。当前，国家管理者把互联网作为掌握舆论情势和征询公众意见的重要变量。公众将它作为关心周边环境、参与公共事件的重要平台，他们借助论坛、群组等各种方式组建虚拟社区，汇聚态度和观点。换言之，互联网对公众政治参与意识的激发促进了中国公民社会的发展，杨国斌就互联网对中国公民社会发展的影响进行了研究，他认为这种影响主要有三个方面：第一，从中国公共领域看，互联网的广泛使用已经促进了公共讨论和问题表达；第二，互联网通过扩展旧的联系机制，促进既有组织的活动和创造新的联系形式；第三，互联网为抗议活动注入了新的动力。可以说，这种影响是极为深远的[②]。

随着新媒体特别是社交媒体的快速发展，公众被赋予内容生产的权利，用户生成内容（User-Generated Content，UGC）成为人们数字化生存的一般操作。智能化、移动化终端设备的使用人群大规模增长，“随手拍”“个人麦克风”成为常态，因此相较于传统媒体，新媒体更可能成为舆情的主要爆发和发酵平台，现实也正如此，不少引发全国甚至全球关注的事件都少不了新媒体与传统媒体的相互作用。在这样的社会语境下，层级分明的金字塔信息传播结构逐渐被网络时代的扁平结构所取代，信息世界也逐渐变得平坦。托马斯·弗里德曼（Thomas Friedman）在《世界是平的：21 世纪简史》一书中乐观地认为科技和通信领域如闪电般地进步，使全世界的人们可以空前地彼此接近，世界的平坦化正在剧烈地改变人们的生活方式和思维方式，人们依靠各种社交软件（包括电子邮件、社交网络服务、开放源代码等）联结起来[③]，这种现象所存

① 曼纽尔·卡斯特. 2001. 网络社会的崛起. 夏铸九，王志弘，等译. 北京：社会科学文献出版社：8.

② Yang, G. B. 2003. The Internet and civil society in China: A preliminary assessment. *Journal of Contemporary China*, 12(36): 453-475.

③ 托马斯·弗里德曼. 2006. 世界是平的：21 世纪简史. 何帆，肖莹莹，郝正非译. 长沙：湖南科学技术出版社.

在的时代既是麦克卢汉式“重新部落化”的时代，也是克莱·舍基（Clay Shirky）在分析“无组织的组织力量”时提出的“人人时代”[①]。新的媒介语境让普通人也能够在网络的虚拟空间中较为自由地表达自己的观点和意见，它改变了传统的话语权力关系，使原先处于信息传播弱势地位的普通公众获得话语权重新分配的机会。媒介技术所体现出来的解放性力量能量巨大，甚至能直接对制度和社会结构造成冲击，因此它在为公民自主传播信息提供便利的同时，也对管理者提出了新的挑战。正是由于某些地方政府、企业等大型组织尚未习惯这种去中心化和话语权再分配的技术逻辑，一旦它们的合法性地位遭到威胁，一系列消极应对、噤声和打击行为就出现了，这也带来了后文中将要论述的舆情应对误区的问题。但与此同时我们需要警惕的一种倾向是过度夸大技术本身的力量，这会让我们迷失在“技术决定论”的陷阱中。

三、治理逻辑：社会治理框架下的舆情动向

国家管理者展开对网络与新媒体舆情的治理的首要前提是认识互联网的组织特性。在某种程度上，互联网具有非常强烈的自组织特征。“自组织”是指一个系统在内在机制的驱动下，自行从简单向复杂、从粗糙向细致方向发展，不断地提高自身的复杂度和精细度的过程。这意味着互联网的演变过程遵循的进化逻辑是在内部要素的运动中而不是在外部力量的强制下实现的。清华大学教授彭兰认为网民是网络自治的基础性节点，该“节点”既要以社会素养的提高为基础，还需要以权利保障、社会报偿为动力。而网络服务提供者在互联网传播秩序、商业秩序及社区秩序的构建过程中扮演着平台性节点的角色。管理机构则在网络自治的视野中作为一种调节性节点存在。[②]

面对社会环境的变化尤其是互联网舆论新生态，了解舆情成为中央和各级政府的一项重要任务。可以说，正是在舆论引导思想指导下，党和政府自上而下的舆情监测需求有效推动了商业化舆情公司的出现。从国家治理逻辑来看，舆情产业的兴盛反映了中国舆论舆情治理从政府一元管理向政府、社会（舆情组织）、公众多元治理的过渡，从刚性治理模式向刚柔并济治理模式的过渡。

---

① 《未来是湿的》（2009年版）和《人人时代》（2015年版）是美国学者克莱·舍基的同一本著作 *Here Comes Everybody: The Power of Organizing Without Organizations* 的两个中译本，胡泳和沈满琳共同翻译，先后由中国人民大学出版社和浙江人民出版社出版。

② 彭兰. 2017. 自组织与网络治理理论视角下的互联网治理. 社会科学战线，（4）：168-175.

舆情组织的加入有利于帮助政府快速、便捷地了解社情民意，刺激政府神经中的“沟通-反馈”机制运行，网民通过表达投诉意见、不满和建议，也可以参与到国家治理体系中，进而形成政府、市场和公众多元参与的治理格局。同时，善治也是公共利益最大化的社会治理过程。商业化的舆情服务可以促进政府对舆情从“管理”到“治理”思维的转变，专业化的舆情服务机构能够以目标明确的舆情产品、服务为实现公共利益最大化提供动力。

改革开放以来，中国经济领域的改革推动了社会方方面面的变化，从“总体一致性”社会进入了异质型社会。在社会转型过程中，人们的思想世界、价值理念和生活方式都发生了明显的变化，其集中体现在公众利益的分化和冲突方面，以及呈现出的日益多元化趋向。在 1980 年之前的很长一段时间内，公众的利益诉求主要集中在国家政治、民主自由、民族主义等宏大或抽象的领域。1990 年以来，伴随着中国互联网的诞生，中国转型社会语境下的公众议题逐渐多样化，且借助网络展开的新型社会行动形式屡见不鲜，杨国斌教授针对 2012 年之前发生在中国网络世界中 70 多个抗争个案的分析，梳理总结出的网络行动议题包括大众民族主义、维权活动、腐败滥权、环境污染、文化争议、揭露丑闻、网络慈善活动等七类，他进而将其中的维权活动议题作出更细致的划分，即包括弱势人群、小区业主、强制搬迁、乙肝病毒携带者和糖尿病患者、广义消费者权利、人权、城市中产阶级关心的其他议题等等[①]。虽然这些归类议题极具代表性和典型性，但是改革开放以来，社会变革日新月异，阶层分化和流动加速，社会矛盾易发多发，涉及公众利益的诉求远非上述七大议题所能涵盖，教育医疗、社会民生、生态环保领域等都是舆情高频爆发的常见领域，“不确定性”这一风险社会的显著特征也成为新媒体时代舆情发生演变的重要特征，例如发生在某一个小县城的中学生坠楼事件能够旋即进入全国网民的关注视野中，并引发网民关于校园霸凌、信息公开、危机回应等方面的讨论。当前新媒体语境下，不仅仅是一个地理位置，任何普通人、普通事件都可能因为某些议题被网民关注，议题具有的多样化也是利益主体出现多元化的结果。因此，对网络与新媒体的舆情治理将面临治理能力现代化和保障公众政治权利的双重考验。

① 杨国斌. 2012. 连线力：中国网民在行动. 邓艳华译. 桂林：广西师范大学出版社：61.

第二章　新媒体舆情基本内涵

第一节　新媒体舆情分析的基础理论

一、博弈论与新媒体舆情

博弈论（game theory）是一个分析工具包，它被设计用来帮助我们理解所观察到的决策主体相互作用时的现象。这种理论有一个基本的隐含假设，即决策主体追求确定的外部目标（他们是理性的）并且考虑他们自身的知识或者其他决策主体行为的期望（他们的推理具有战略性）[①]。博弈论虽然是现代数学的一个分支，但是由于它是对各种现实生活进行的高度抽象概括的科学，所以被广泛运用到政治学、心理学等社会科学多个领域，舆情研究和分析同样会涉及博弈论的相关知识。从博弈论视角对网络舆情进行研究的文献可以分为定性分析和定量建模两大类[②]。定性分析层面，很多学者聚焦于舆情事件中参与主体及其利益的界定方面，这些博弈主体主要包括网站、网民、传统媒体、利益当事人、网络水军、非政府组织（Non-Governmental Organization，NGO）等等；定量建模层面，按照参与主体数量不同，可分为两方博弈和三方博弈，研究和分析的内容主要是舆情事件中的两方（网民与网民、网民与政府）或三方（政府、企业与网民，政府、当事人与水军，政府、当事人与媒体等）甚至多方博弈的过程。对比来看，定性研究和分析偏向主观，对舆情事件的现实指导意义不强。严格来说，这与主要使用数学方式来表达的博弈论有很大差异性，这需要舆情研究和分析中的定量建模方法进行辅助，定量建模方法通过确立理性博弈主体进行仿真实验、构建动态演化博弈模型，进而得出博弈均衡解来剖析舆情形成的原因。这两类研究方法是当前新媒体舆情研究和分析结合博弈论

---

① 马丁 J. 奥斯本，阿里尔·鲁宾斯坦. 2000. 博弈论教程. 魏玉根译. 北京：中国社会科学出版社：1.

② 宋余超，陈福集. 2015. 基于博弈论的我国网络舆情研究文献综述. 情报杂志，（11）：100-104.

的主要方法，两者相互补充，对认识和解析复杂网络与新媒体环境中舆情的动态演化具有启发性作用。随着博弈论理性基础从完全理性到有限理性的转变，从博弈论视角考察舆情形成机制也被赋予一些新特性。所谓有限理性是指博弈方虽然都具有在复杂环境中准确判断分析和运用预见性的能力，但是他们对不同策略的结果作出比较准确的事后评估并作出相应调整的能力略显不足。因此，从博弈论视角分析网络舆情既要识别博弈主体、行为特性和行为方式，更需要注重分析参与主体在新媒体情境中如何运用有限理性选择自己的策略，如何在不同的策略中对比和权衡，进而实现利益最大化。

二、利益相关者理论与新媒体舆情

20 世纪 60 年代企业管理中存在“股东至上主义”的思想传统，认为只要股东满意，企业就可以安然无事。随着社会和媒介环境的变迁，一种新的企业管理思想即利益相关者理论（stakeholder theory）诞生。1984 年，企业战略管理专家 R. 爱德华 • 弗里曼（R. Edward Freeman）认为“那些能够影响组织目的实现或受其影响的团体和个人都考虑在内。每一个团体对于商业企业在今天的环境中取得成功都扮演着重要的角色”[①]。弗里曼大大拓展了企业兴衰的利益相关者的范畴，其核心内容就是企业应尽可能多地考虑多方利益相关者的要求，不单单是股东，还要考虑到债权人、员工、消费者、供应商、媒体等诸多利益相关者。任何一个公司的发展都离不开各个利益相关者的投入或参与，只有如此才能让企业获得更长远的竞争力。为了使这种理论更具可操作性，20 世纪 90 年代，美国三位学者从利益相关者的权力性、合法性和紧急性出发，提出了评分法（score based approach），先对利益相关者进行评分，然后根据分值的高低来确定利益相关者的类型。权力性（power）指利益相关者是否拥有影响企业决策的地位、能力和相应的手段；合法性（legitimacy）指利益相关者是否得到法律层面或道义层面的普遍承认，与权力性一样，合法性并不是一种稳定状态，而是具有一种动态属性；紧急性（urgency）指利益相关者的要求能否立即引起企业管理层的关注[②]。利益相关者理论也被用于舆情演化规律的研究中。新媒体舆情事件出现后，网民往往会通过回帖、跟帖、转发、

① R. 爱德华 • 弗里曼. 2006. 战略管理：利益相关者方法. 王彦华，梁豪译. 上海：上海译文出版社：29.

② Mitchell, R., Agle, B. & Wood, D. 1997. Toward a theory stakeholder identification and salience: Defining the principle of who and what really counts. *Academy of Management Review*, (4): 853-886.

评论、点赞等多种关注方式表达对目标舆情的态度和看法，而这些网民既包括直接当事人，也包括间接利益者，甚至还包括没有过多利益交集的“围观者”。那么如何对舆情事件中的利益相关者进行操作化定义呢？基于新的媒介环境和主体特性，新媒体舆情事件的利益相关者可按照相关度、关注度和参与度等指标分为首要利益相关者、次级利益相关者和潜在利益相关者。首要利益相关者通常是指舆情事件直接涉及的个体或组织，相关度、关注度和参与度都非常高，例如食品安全突发事件中受害者和食品生产、销售组织；次级利益相关者通常是指相关度、关注度、参与度相对比较高的个体或组织，信息发布者或比较密切的关注者都属此类，比如食品安全突发事件中的直接监督管理部门；潜在利益相关者主要是相对首要和次级利益相关者而言的，相关度、关注度和参与度相对较低，对舆情事件的一般关注者（包括媒体人和媒介组织、自媒体和普通网民）都属于潜在利益相关者。三种利益相关者的角色并不是固定不变的，而是随着舆情事件的发展演化有可能转换身份，比如作为潜在利益相关者的“意见领袖”有可能因某言论成为舆情的首要利益相关者。

三、信息生命周期理论与新媒体舆情

生命周期是指一个有机体从出生到死亡的整个过程，生命周期的概念被美国著名信息资源管理专家福雷斯特·伍迪·霍顿（Forest W. Horton）引介到信息资源管理领域[①]。信息资源管理理论的基石就是信息生命周期观，霍顿认为可以从收集、记录、处理、存储和传播等过程来描述信息术语，但用其来定义信息远远不够，信息还是一个符号使用的过程。不管哪一种信息生命周期观，强调的都是类似于有机体的信息生命历程。考虑到舆情事件的发展过程始终伴随着不同信息的动态消长，不少新媒体舆情研究者也开始从信息生命周期理论的视角将舆情划分为多个阶段。整体而言，当前对新媒体舆情的生命周期有“三阶段说”（发生期、高潮期、平息期）、“四阶段说”（预警期、爆发期、缓解期和善后期）、“五阶段说”（潜伏期、萌动期、加速期、成熟期、衰退期）。而对这些不同阶段的划分并没有形成统一意见，同一阶段的界定也不尽相同，但是从信息生命周期的视角审视舆情已经成为舆情监测与分析的普遍做法，按照生命周期不同阶段的不同维度（例如时间维、空间维、内容维、主体维等）

---

① 福雷斯特·伍迪·霍顿. 2013. 信息资源管理：概念和案例. 安小米，等译. 南京：南京大学出版社：50-55.

进行观察将舆情监测指向了多维度、连续性和全方位的发展路径。

四、信息生态理论与新媒体舆情

生态学是研究生物体及其周围环境相互关系的科学。国外学者在 20 世纪 80 年代开始用信息生态的概念来阐释信息与环境之间的关系。1989 年德国学者拉斐尔·卡普罗（Rafael Capurro）在《迈向信息生态学》一文中用生态观念讨论了信息生态学中的若干问题，包括信息的语言和历史维度、信息污染、信息充盈社会与信息贫乏社会的数字鸿沟问题等。随后，美国学者托马斯·达文波特（Thomas H. Davenport）等[①]系统提出信息生态理论，并结合信息管理思想分析了信息环境中人与组织的关系。从生态学视角审视信息、人（组织）和信息环境之间的相互关系，以及各要素相互作用而形成的信息生态系统的平衡问题也成为国内舆情相关研究的理论依据。信息生态理论可以启发舆情研究和分析者关注舆情事件发生的经济、政治、社会和法律等诸多层面的影响因素。不同于单向信息链中的信息传播过程，新媒体舆情的产生和形成、演化通常是一个时空、人物、利益、话语等相互交织的过程，关乎公众利益、触动社会痛点、刺激网民情绪的舆情事件数量越来越多、历时越来越短、传播速度越来越快，在令人目不暇接的舆情热点面前，用信息生态视角分析新媒体舆情事件可以避免陷入简单的、线性的因果决定论，并可以帮助我们从舆情演化的系统性、多样性、动态性、情境性等多个维度进行考察。

第二节　新媒体舆情本质

一、与舆情相关的几组关系

国内学界将英文词组 public opinion 翻译为舆情，然而该词组有时还翻译成舆论、民意、公众意见等。这种现象还见于政治话语、媒体用语和公众话语，其中常见“舆论认为”“公众认为”“民意汹涌”等表述，其实这些表述的具体意涵并不相同，但在具体运用中存在混用、模糊的情况。舆情和舆论等词语在运用中的混杂非常常见，事实上，笔者在中国知网上搜索到的最早使用“舆

---

① Davenport, T, H. & Prusak, L. 1997. *Information Ecology: Mastering the Information and Knowledge Environment*. New York: Oxford University Press.

情”的中文文章是1992年发表在《社会学研究》上的《当前社会收入分配不公的舆情分析》，但通篇并未就舆情是什么进行界定，而是偏重指向被调查对象的情绪。2003年之前对舆情的界定，通常等同于舆论和民意，“何谓社会舆情？舆者，舆论也；情者，情况矣。社会舆情，从书面上理解就是社会上舆论的情况，用传统的称谓则是‘民意’，即通常的说法乃为群众议论的‘热点’、‘焦点’问题”[①]。但是在这样的同一化语用中，普遍的共识是舆情与量化研究方法密不可分，强调实地调研和数据支撑。事实上，在社会科学领域有很多这样既有联系又相互区别的概念，即便是科学，尤其是法学、政治学和社会学显然也未能对“公”“公共领域”等传统范畴作出明确的定义，本书也只是尽可能地按照语义和情景进行区分。要分辨什么是新媒体舆情必须厘清与之相近的几组词语，并对词语背后的历史渊源和惯用实践进行考察。国内学界在这方面的探索已有相当多的成果，对我们更好地认识新媒体舆情内涵及外延大有裨益。

（一）舆情与舆论

中西方社会对舆论的论述历史同样源远流长。根据《媒体与传播学辞典》对舆论（public opinion）词条的解释，古希腊广场历来被视作舆论的诞生地和所在地，古希腊自由公民可以聚集在这里讨论并理想化地塑造城邦事务。17世纪末，法语中的publicite一词被借用到英语里，成了publicity；德国直到18世纪才有了publicity这个词。批判本身表现为“公众舆论”，而德语的“公众舆论”（Öffentliche Meinung）一词是模仿法语opinion publique在18世纪下半叶造出来的。[②]哈贝马斯认为英语中的public opinion大概也是在18世纪下半叶的时候才出现，即便是英语里早就有general opinion这样的说法，但是两者存在很大差异。1762年，让-雅克·卢梭（Jean-Jacques Rousseau）在其《社会契约论》中首次将拉丁文体系中的“公众”与“意见”两个词语联系起来，用来表达人们对社会性或者公共事务方面的意见，即“舆论”（opinion publique）。他又进一步区分了公意和众意，两者差别较大，公意着眼于公共利益，而众意着眼于私人利益，众意只是个别意志的综合。然而卢梭关于舆论的认识存在着悖论，他的出发点是尊重公众的意见，同时又想克服舆论中某些

① 叶斌，温为平. 1995. 社会舆情调研在宣传工作中的地位. 特区展望，（6）：6-8.

② 哈贝马斯. 1999. 公共领域的结构转型. 曹卫东，王晓珏，刘北城，等译. 上海：学林出版社：25.

代表私利的成分，一旦贯彻卢梭意义上对舆论的设想，则可能会导致以“公意”的名义钳制舆论的后果。18 世纪的公众舆论是指受教育的公众有能力形成某种意见之后在公众讨论中形成的意见或态度。总之，17、18 世纪，作为一种重要的社会精神现象和交往形态，西方对舆论的意涵有了基本共识：它是一个具有政治功能性的概念，是私人对公共事务的关注和公开讨论，往往表现为社会秩序基础上一种共同的公开反思的结果，因而可视为现代社会政治正当性的来源，是公民参与社会治理的方式，天然带有统治者与被统治者之间的二元张力和批判属性。到了 20 世纪 20 年代，美国学者沃尔特·李普曼（Walter Lippmann）在《公众舆论》和《幻影公众》中论述了对公众意见的认识，但是李普曼的精英主义立场低估了公众力量，即便他认为这种力量对民主制度来说是必不可少的。

在国内，舆论[①]和舆情两个词语在中国古代文献中都有记载（舆情部分见第一章），“舆”字本义是车厢或者轿子，“舆人”就是指推车子或者抬轿子的人[②]。但是随着不断演化，“舆人”逐渐被指代为“众人”的意思。《汉语大词典》和《现代汉语词典》将“舆论”解释为公众的言论，该解释在《辞海》中得到了更详尽的界定，认为这种公众的言论会对人们的行动有支持、约束等影响，具有多样性与变动性的特点，其形成过程一般为：①问题的发生；②意见的表露；③意见的扬弃与综合。作为社会心理的反映和时势的晴雨表，舆论可以预测社会动向，是调节决策科学性的有力杠杆。按范围可分为社会舆论、阶级舆论与集团舆论。按性质可分为进步舆论、保守舆论、反动舆论等。新闻媒介具有反映舆论、引导舆论的社会功能。[③]此外，代表中国新闻学作为一门学科发展的阶段性成果之一的《新闻学大辞典》并未将“舆情”作为一个专门词条予以收录，但是详细界定了舆论，即社会或社会群体中对近期发生的、为人们普遍关心的某一争议的社会问题的共同意见，进而将舆论的界定分解为三

---

① 如《左传·僖公二十八年》中的“晋侯患之，听舆人之谋”，《晋书·王沈传》中的“自古贤圣，乐闻诽谤之言，听舆人之论”，《三国志·魏书·王朗传》中的“设其傲狠，殊无入志，惧彼舆论之未畅者，并怀伊邑”，宋代苏舜钦《苏舜钦集·诣匦疏》中的“朝廷已然之失，则听舆论而有闻焉”，明代胡应麟《诗薮·唐下》中的“老杜律仅七篇，而首录《张氏隐居》之作，既于舆论不合，又己调不同”，等等，这些文献中的舆论与现代意义上的“舆论”概念已有较大区别。

② 甘惜分. 1993. 新闻学大辞典. 郑州：河南人民出版社：37.

③ 关于舆论的释义见《汉语大词典》第 9 卷第 13828 页，《现代汉语词典（第 6 版）》第 1588 页，《辞海：1999 年缩印本（音序）4》第 2603 页。

要素：一是必须有一个现实的、有争议的公共问题，这个问题与人们的现实利益、社会关系、社会观念的相关程度足以引起人们的普遍关注；二是必须有相当多的个人对这个问题表明态度或发表意见，经过这些众多的个体意见的充分互动，最终达到某种为一般人普遍赞同且能在心理上产生共鸣的一致性意见；三是这种一致性的意见对公共问题的存在和变化及与此相关的人们的行为能产生直接或间接的影响，即产生某种实际效力，而这种实际效力恰恰是舆论和意见相区别的关键①。从以上定义可以看出中国对舆论的界定也认同舆论的政治功能性，通常将舆论视作社会和时势的晴雨表，是某种共同性的社会调控的制约力量，在社会大环境中是一个极具功能性的要素，其功能的充分发挥需要依赖于现代传播媒介的作用。

如前所述，国外并没有一个专门的词语翻译为“舆情”，与舆情联系最为紧密的 public opinion 也仅是在译为中文“舆论”过程中的变种。换句话说，现代话语中的“舆情”带有鲜明的中国特色，其相应实践深植于中国历史文化传统和本土政治话语体系中，从而呈现出鲜明的本土化色彩。1999 年 10 月天津社会科学院成立国内第一家以“舆情”命名的研究所——天津社会科学院舆情研究所。2003 年该研究所的王来华主编的《舆情研究概论——理论、方法和现实热点》成为国内较早对舆情进行理论研究的著作，国内早期的研究者们赋予舆情较强的政治指向性，他们认为舆情是指在一定的社会空间内，围绕中介性社会事项的发生、发展和变化，民众对国家管理者产生和持有的社会政治态度。②国内学界目前对舆情内涵的界定不一。2008 年国内开始流行网络舆情监测，很快网络舆情监测和分析成为一个专门行业在国内普及，并逐渐发展成了一条完整的产业链。与之相应，“舆情”“网络舆情”等舆情相关词语在中国的普及和广泛使用，引发了学界关于“舆情”“舆论”“民意”词义的重新辨析和思考。也有很多学者从不同方面做了富有思想性的研究，极大地拓展了早期研究的舆情内涵，如丁柏铨不完全赞同舆情仅指涉公众对国家管理者产生和持有的社会政治态度，他认为舆情涉及公众对社会生活问题尤其是热点问题的公开意见（外露的部分）或情绪反应（既可能外露又可能不外露的部分），它是社会脉动和公众情绪的自然而然的流露和体现③。综上所述，广义上的舆

---

① 甘惜分. 1993. 新闻学大辞典. 郑州：河南人民出版社：37-38.

② 王来华. 2003. 舆情研究概论——理论、方法和现实热点. 天津：天津社会科学院出版社：2.

③ 丁柏铨. 2007. 略论舆情——兼及它与舆论、新闻的关系. 新闻记者，（6）：8-11.

情泛指民众对现实生活各个层面问题所表达的态度和意见；狭义上，舆情则偏重指向具有政治功能性的普通民众态度。

（二）舆情与民意、众意

与研究人类宣传行为、宣传过程、宣传形式及其社会效果的宣传学（Propagandism）相较，民意学（Public Opinion Study）也是一门独立的学问，它是一门研究一个历史时期民众在社会政治、经济、文化方面大致相同的总体愿望和总趋势对管理与决策的影响的新兴学科，主要包括民意在管理、决策中的地位和作用，民意源的选择与分析，民意调查的准则与要求。民意调查方法主要包括概率抽样、问卷调查、访问调查等，民意对应的英文词组为popular will，《新闻学大辞典》将民意视为公众意识、精神、愿望的总括，它是舆论这一意识现象的主体部分，并且是整个社会的普遍意识[①]。甘惜分等认为民意通常以舆论的形态表现出来，并且主要有三种形态：潜舆论、显舆论和行为舆论。潜舆论是低水平的民意或处于形成时期的民意，表现为人民群众一致的内心活动，处于一种社会情绪状态；潜舆论进一步升级，就会转化为显舆论，这时，民意表现为一种具有完整的意见形态的社会共识；而行为舆论是民意的第三种表现形态，具体主要表现为大规模的群体示向性活动，比如游行、示威、集会等。换言之，这种民意观将舆论看作民意的载体，通过不同的舆论表现形式可以窥测到民意动向。刘建明主编的《宣传舆论学大辞典》认为，民意又称公意、公言、民心，是人民整体意志的象征，代表全体人民的追求所凝成的力量。民意不但是一种笼罩整个社会的表层意识，也是人民意识、精神、愿望和意志的总括，是社会舆论这一意识现象的主导部分。但并不是所有的社会制度框架下都会出现民意，刘建明等认为只有在彻底的民主制度下，民意才能在社会中获得意识主体的位置。人们通常所说的社会舆论，指的正是民意，民意是全体人民的共同意志，只有当全体人民都积极参与舆论活动，成为舆论主体时，才能形成真正的民意[②]。这也是亚里士多德不断强调的民意中蕴含的群体智慧内涵，亚里士多德认为就多数而言，其中每一个个体常常是无善足述的，但当人们合而为一个集体时，却往往可能超过少数贤良的智能。[③]因此，

---

① 甘惜分. 1993. 新闻学大辞典. 郑州：河南人民出版社：37-38.

② 刘建明. 1992. 宣传舆论学大辞典. 北京：经济日报出版社：337.

③ 亚里士多德. 1965. 政治学. 吴寿彭译. 北京：商务印书馆：143.

前述对民意的界定更多的是基于人们的共同信仰、目标和追求，并且摒弃了众意的私利性和狭隘性。刘建明阐释民意时强调了由于民意是人民群众广泛历史活动的智慧结晶，所以永远不会发生谬误，如果出现了谬误，也是因为对民意本身产生了误解，错把少部分人的意志当作了民意。综上所述，中西方对民意的理解都倾向认同其绝对正确性，但民意的这种“特质”有时有被“绑架”的危险。哈贝马斯认为，自 18 世纪早期起，人们越来越习惯把官方选举结果和当时人们所说的“民意”区分开来。郡级选举的平均结果被当作抗衡“民意”的大致标准。从那时起，“民意”“人民的普遍呼声”“公众精神”等可以说表示的是反对党可以诉诸的实体，换言之，以“民意”的名义争取政权合法性与正当性成为西方选举政治的惯用手段，也正是因为认识到“民意”的操纵可能性，公众更需要理性的批判精神。

与“民意”字面上容易混淆的还有另外两个词——众意和公意，这两个词在卢梭那里得到清晰划分。但是两者有很大区别，公意只着眼于公共利益，而众意则着眼于私人的利益，并且只是个别意志的综合，当社会团结的纽带开始松弛而国家开始削弱的时候，“公意就不再是众意了”[①]。崇尚自然法则的卢梭在这里使用的“公意”等同于民意，具有无可争议的正确性，众意则不然，是一部分人意见的代表，会受到私自动机的引导而为私人利益牺牲公共性精神。但是卢梭继续追问的是：是否因此公意（民意）就会消灭或腐化了呢？答案是否，因为公意（民意）是稳固的、不变的而又纯粹的，但是它却可以向压在它身上的其他意志屈服。

西方的民意学调查机构更加依赖于现代科学调查方法，以美国为例，既有以芝加哥大学的全国民意研究中心为代表的非商业性调查机构，也有专业的民意测验和商业调查机构，例如盖洛普公司。民意调查创始人乔治·贺拉斯·盖洛普（George Horace Gallup）在 1928 年完成了他的博士论文《一种客观测量报纸读者兴趣的新方法》。盖洛普在其博士论文中所发展出的科学抽样方法在 1932 年得到验证，契机就是他的岳母艾利克斯·米勒竞选爱德华州的州务卿，盖洛普通过使用科学抽样方法的民意调查正确预测出了选举结果。1935 年盖洛普成立了自己的民意调查公司——美国舆论研究所（American Institute

① 卢梭. 2003. 社会契约论. 何兆武译. 北京：商务印书馆：132.《社会契约论》中对比的是“公意”和“众意”的区别，但是笔者根据书中上下文的理解认为，可将此处的“公意”理解为中文中的“民意”。

of Public Opinion）（即盖洛普公司前身），次年该研究所因在美国总统大选中正确预测罗斯福当选美国总统而名声大噪。中国古代虽然有借助谏鼓、谤木、肺石等物的形式广开言路、听取各方意见的做法，但是这与强调社会统计和抽样调查方法的现代舆论调查有天壤之别。1922 年 11 月，现代心理学家张耀翔在北京进行民意测验，就“假如你有选举权，你将选谁做下任大总统？”的时政问题发放调查问卷，并回收近千份，“这一调查开了我国民意测验之先河”[①]。1982 年，由北京新闻学会发起，中国社会科学院新闻研究所、《人民日报》、《工人日报》和《中国青年报》参加的调查组，对北京市居民读报、听广播、看电视情况进行了抽样调查，这是我国首次运用科学方法、采用现代统计手段测量媒体受众，该次调查采取类型抽样、电子计算机分析处理、统一问卷、直接访问方式进行。国内第一家舆论调查与研究机构——中国人民大学舆论研究所在 1986 年底创立，研究所首任所长甘惜分认为舆论调查就是民意测验，主要有五个功能，即有助于社会主义政治的民主化、提供决策参考、扩大人民的视野、有助于人民与政府之间的相互了解、繁荣学术。[②]自首家舆论研究所成立后，国内多所大学和科研机构也都逐渐成立了专门研究社会成员意见和态度的舆论或舆情研究所。

（三）舆情与新媒体舆情

综前所述，无论从客体、内容还是产生机制和应对要求方面看，在理论层面，舆情和舆论、民意都不能直接画等号，舆论的客体更为广泛，一切社会现象、问题和热点都有可能是舆论关注的内容，并且其产生是由不特定事项引发的。一般而言，舆论引导不是一蹴而就的，需要长期持续和系统性的顶层设计。民意的客体主要是人民，以人民的名义表现的意识、精神、愿望和意志具有绝对正确性，因为它是由人民群众共同的信仰、目标和追求支配的，国家管理者无法“应对”民意，只能顺应民意。舆情的客体偏重国家管理者，其主要内容突出“公共性”，公权力、公共事项、公共利益等都是推动舆情产生的重要内容。舆情一般是由具体的中介性社会事项引起的，因此舆情应对讲求及时性、专业性。

---

① 刘夏阳. 1993. 中国人民大学舆论研究所与中国舆论调查业. 中国人民大学学报，（4）：117-120.

② 路元. 1987. 建立中国的社会主义舆论学——访中国人民大学舆论研究所所长甘惜分. 中国记者，（2）：12-14.

如果说舆论和民意都有对应的英文词组，那么相对而言，舆情对应的词组更为模糊一些。舆情不应该直接对应 public opinion，而就某一具体事项表达个体或群体情感的 public sentiment 可能更能恰切地对应中文语境下的舆情。舆情的界定有广义和狭义之分，王来华等强调舆情的社会政治态度，按照这样的标准来说，像娱乐圈里的明星事件、普通网民中的某网红引发的事件等也能引发舆论关注的事件则不能称为舆情。显然以往的舆情研究学者们更多的是将舆情局限在以民众为主体、以国家管理者为客体、以产生和持有的社会政治态度为本体的狭义视角。就现实而言，政府、大型企业等是舆情服务市场的“大客户”，的确，很多舆情产品确实是为它们“量身定做”的，但也有越来越多的舆情监测机构生产出的冠之以“舆情”的产品包含的内容更为广泛，这也是广义舆情的应有之义。中共中央宣传部把广义上的舆情界定为“国家管理者在决策活动中必然涉及的，关乎民众利益的民众生活（民情）、社会生产（民力）、民众中蕴涵的知识和智力（民智）等社会客观情况，以及民众在认知、情感和意志基础上，对社会客观情况以及国家决策产生的主观社会政治态度（民意）”①。从这里可以看出，在中国的官方话语中，一切社情民意都属于舆情的范畴。但是在现实操作中，舆情多指负面舆情，我们常见的舆情应对、舆情引导等说法，言下之意是有问题需要去应对、有人需要被引导，理念层面的包容性遭遇了“窄化”实践，导致了对“舆情”本身理解的偏差，即注重操作性和策略性，忽视其基于服务价值的公共性。

新媒体舆情与既有的网络舆情在词义上有何不同呢？网络舆情更多的是基于 20 世纪 60 年代的第三次工业革命，通常又被称为计算机革命、数字革命，而我们当前正处在第四次工业革命的开端。数字技术变得无所不在，媒介移动性大幅提高；传感器体积变得更小、性能更强大、成本也更低；与此同时，人工智能和机器学习也开始崭露锋芒。本书的新媒体舆情更加强调在第四次工业革命的社会大背景中如何研究和分析舆情的问题。与舆情早期发展相比，现代新媒体舆情业离不开决策支持系统（decision support system），专业化程度要求高。从中国近些年来对舆情分析行业的官方认证、舆情产品的大数据支持、舆情开发的产学研规划等现象可以看出，新媒体舆情与网络舆情时代相比，公众的日常生活实践中新媒体的嵌入程度越来越高，相继推动舆情事件的产生与

① 中共中央宣传部舆情信息局. 2006. 舆情信息汇集分析机制研究. 北京：学习出版社：11.

传播的广泛性、互动性程度也越来越高，整体的信息传播环境更为纷繁复杂，新媒体舆情具备了一些新的特征和规律。舆论、民意、舆情的差异比较如表 2-1 所示。

表 2-1 舆论、民意、舆情的差异比较

区分维度	类别		
	舆论	民意	舆情
客体	更为广泛	人民	偏重国家管理者
内容	广泛的现象、问题、热点等	意识、精神、愿望和意志等	公权力、公共事件、公共利益等
产生机制	不特定事项	共同的信仰、目标和追求	中介性社会事项
应对要求	需长期引导	顺从民意	及时、专业

二、新媒体舆情的特点

（一）传播范围更广

舆情在网络与新媒体中的传播不受物理空间的限制，信息一经发出，就会传播至网络可以连接的任何地方，由点到面，波及范围极广。中国拥有世界上规模最大的互联网网民群体，根据中国互联网络信息中心发布的第 46 次《中国互联网络发展状况统计报告》，截至 2020 年 6 月，中国网民规模达 9.40 亿，互联网普及率为 67.0%，手机网民规模达 9.32 亿[①]。手机上网比例持续提升，各类手机应用的用户规模不断上升，场景也更加丰富。这意味着一个发生在偏僻角落的事件可能会受到数以亿计的网民关注、评论及传播。在互联网传播深度渗透、传播媒介高度融合的今天，互动、社交、表达已经成为新媒体运用过程中信息扩散的常见行为，在人人都可以参与和表达的媒介环境中，传播范围广、传播主体规模大都使得新媒体舆情监测及分析变得更加复杂。

（二）观点多元化

处于社会转型期的中国，面临着由原来的人民日益增长的物质文化需要同落后的社会生产之间的矛盾转化为人民日益增长的美好生活需要和不平衡不充分的发展之间的矛盾，体现在网络上的网民观点呈现出多元化、差异化的特

① 中国互联网络信息中心. 2020. 第 46 次中国互联网络发展状况统计报告. http://www.cnnic.net.cn/hlwfzyj/hlwxzbg/hlwtjbg/202009/P020200929546215182514.pdf [2021-1-5].

点，或理性表达、或嬉笑怒骂、或情绪过激，这都是当前新媒体舆情的常见现象。值得注意的是，互联网世界的虚拟性使舆情传播主体的身份、地位和职业等属性特征都成为模糊因子。在热点事件出现后，网民可以利用自己的网络身份进行评论、转发、点赞等，且极有可能在网络世界中表现出和现实世界完全不一样的自己。1993 年 7 月 5 日，彼得 • 施泰纳（Peter Steiner）的一幅漫画刊登在《纽约客》上，其标题是"在互联网上，没人知道你是一条狗"。这句话在此后很长一段时间变成了流行语。随着"后台实名前台自愿"的实名制原则的施行，早期的赛博空间乌托邦的想象化为泡影。2015 年 8 月 29 日《中华人民共和国刑法修正案（九）》在现行刑法第二百九十一条中增加了规定："编造虚假的险情、疫情、灾情、警情，在信息网络或者其他媒体上传播，或者明知是上述虚假信息，故意在信息网络或者其他媒体上传播，严重扰乱社会秩序的，处三年以下有期徒刑、拘役或者管制；造成严重后果的，处三年以上七年以下有期徒刑。"[①]2017 年 6 月 1 日正式施行的《中华人民共和国网络安全法》第二十四条规定："网络运营者为用户办理网络接入、域名注册服务，办理固定电话、移动电话等入网手续，或者为用户提供信息发布、即时通讯等服务，在与用户签订协议或者确认提供服务时，应当要求用户提供真实身份信息。用户不提供真实身份信息的，网络运营者不得为其提供相关服务。"[②]这意味着互联网空间的观点表达可以多元化，但必须是在不触碰法律规定的前提下。网络的虚拟空间并非处于"真空"地带，在微信、微博等社交平台传播虚假消息造成严重后果的，将会受到现实法律法规的惩罚。

（三）动员性强

新媒体平台的参与成本低、门槛低，导致新媒体舆情具有极强的网络动员性和现实动员性。一方面是网络空间的动员。每一个浏览者或发帖人都可以实时看到事件的关注、转发及认同程度，那些涉及大多数人共同利益或价值取向的事件极易产生"滚雪球"效应，特别是基于 UGC 和社会关系的社会化媒体传播，对舆情扩散的程度和深度都前所未有。例如，微信舆情的表达和传播就

---

① 新华社. 2015. 中华人民共和国刑法修正案（九）. http://www.gov.cn/xinwen/2015-08/30/content_2922112.htm[2020-3-8].

② 新华社. 2016. 中华人民共和国网络安全法. http://www.cac.gov.cn/2016-11/07/c_1119867116.htm [2020-3-8].

具有关系扩散的显著特征，微信朋友圈的分享行为就是一种网络动员。另一方面是现实社会中的动员。网络及新媒体的舆情如果应对不当可能就会延伸到现实社会中，2012 年发生在江苏南通启东的环境群体性事件就是一例。在发生群体示威游行之前的很长一段时间里，网络论坛、贴吧等都有强烈民意的表达，但是当地政府和企业都没有很恰当地进行处理。当然，不能把网络与新媒体舆情视为处理该事件的唯一变量，但是如果重视新媒体舆情并加以合理引导，可能会是另外一种良性结果。

（四）观点极化

新媒体时代，公众的媒体接近（access to media）达到了前所未有的程度，相对于现实生活中的平静，人们借助于网络与新媒体自由发声，针锋相对的观点有之，污言秽语有之，“花式拍砖”有之。信源事件的刺激、自媒体的煽动，使网民的态度和观点在互联网空间互相传染、彼此勾连，这在某种程度上可以放大不同阶层的集体焦虑或愤怒情绪。在观点呈现层面，公众在网络和新媒体空间有多个表达平台，但是基于个性推荐、打分、排名的观点评价系统引发了网民站队行为，进而导致不同立场的观点对立。近年来，关于“互联网是不是导致了观点极化”的讨论多见于主流传播学期刊。有学者认为，互联网并不是观点极化的首要驱动力，互联网更多地只是起到让极化观点更加可见的作用。也有观点认为，中国网民媒介素养水平普遍偏低，更容易在网络空间中跟风、盲从。虽然中国中间阶层群体不断扩大，网民人数每年也在不断增多，但目前而言中国网民依然主要以中等学历群体为主。中国互联网络信息中心发布的第 46 次《中国互联网络发展状况统计报告》显示，截至 2020 年 6 月，中国网民中占比最多的是初中学历群体（40.5%），其次是高中/中专/技校学历群体（21.5%），月收入在 3000 元及以下和无收入的网民群体合计占比为 55.9%[①]，学历低、收入低成为当前中国网民的总体特征。不管是认为互联网放大了既有的极化观点，还是促使了极化观点的产生，都能够让个体感知很多舆情事件中的“一边倒”的情形，夹杂其中的还有语言暴力和恶意攻击，因此关键问题是需要辨清网络极化的意见和现实意见的重合度。

---

① 中国互联网络信息中心. 2020. 第 46 次中国互联网络发展状况统计报告. http://www.cnnic.net.cn/hlwfzyj/hlwxzbg/hlwtjbg/202009/P020200929546215182514.pdf [2020-9-19].

（五）隐蔽性强

移动社交时代，信息的传播与扩散更具隐蔽性，加密通信、阅后即焚等社交平台上的信息传播提高了监管难度，对舆情监测和社会治理都提出了全新挑战。新媒体舆情的极强隐蔽性首先体现在新型媒体平台的信息传播特性中，例如集通信、社交、平台为一体的微信是当前最具代表性的新媒体之一——因其成功地创造了“一个生活方式”而改变了当下的舆情传播格局。微信的舆情信息传播不仅可以实现“一对一”的人际传播，还可以利用微信群、公众号等实现“一对多”的大众传播。极强的隐蔽性还体现在随着数据的爆炸性增长，要在海量数据中迅速识别出真实舆情具有很大的难度。人工智能技术使得舆情主体身份模糊化。新媒体的 24 小时“在线”传播信息的主体既包括自然人，也包括人工智能技术主体。据美国有线电视新闻网（Cable News Network，CNN）报道，2017 年 7 月，华盛顿大学的研究人员利用人工智能技术，制作了一段时长 1 分 55 秒的奥巴马演讲的假视频，其图像和声音都达到了以假乱真的水平。研究团队设计了一个人工智能程序，让其分析互联网上奥巴马的各种音频和视频，经过 17 个小时的“自主学习”后，人工智能程序就能通过奥巴马的声音判断出对应的面部细节，从而模拟出匹配的数字图像。[①]以上导致新媒体舆情隐蔽性强的诸多原因都是当前舆情研究和分析工作者面临的新型问题。

（六）演化动态性

在传统媒体时代，因为信息传播渠道的匮乏，某些主流媒体渠道可以为公众所关注的一些热点事件“定调、定性、定结论”。即便公众依然会依赖人际传播或小范围群体传播表达态度、意见和观点，但是能够引发全国甚至全世界关注的可能性微乎其微。而且专业机构的媒体组织具有强大的主导话语权。但是到了新媒体时代，任何舆情事件都不可能被画上句号，记忆成为常态，遗忘成为奢求的事项。迈尔-舍恩伯格在 2009 年就撰写了一本专著《删除：大数据取舍之道》，涉及对数字时代个体和社会被遗忘权的讨论。2014 年欧盟法院

① 陆益峰. 2018-2-1. 未来，我们还能看到真实的世界吗. 文汇报，7.

作出了确认普通公民对个人信息拥有“被遗忘权”[①]的终审裁定，进而在欧盟范围内确立了“被遗忘权”。2018 年 5 月在欧盟所有成员国实施的《数据保护通用条例》（General Data Protection Regulation，GDPR），其中第三章第 17 条中规定的“数据主体有权要求控制人删除有关他或她的个人资料，且不得无故拖延”的相关内容引发关注。在我国，2016 年由北京市海淀区人民法院审结了首例“被遗忘权”案，虽然判决结果为个人败诉，但该案件中关于我国在新媒体时代针对个人信息“被遗忘权”进行讨论的相关问题激发了有益的社会讨论和司法探索。虽然国内外对“被遗忘权”的法律性质、保护标准界定不一，但是毋庸置疑的是，互联网空间中数字痕迹的“不可遗忘性”是以往舆情研究和分析中没有的新特性，围绕事件不断增加的信息素材使之不断动态演化。比如 2012 年的“表哥”杨达才事件，每一次网友对其所佩戴的名表和相关财产的最新爆料都会引起网民很高的关注度，不管当事人采用道歉解释还是删帖形式，都未能“防民之口”，最终因犯受贿罪、巨额财产来源不明罪导致一审获刑 14 年。但这并未完全画上句号，因其 2018 年在未成年犯管教所服刑，再度成为网民关注的焦点，百度贴吧中甚至专门有网民开设了“杨达才吧”。可以预想到的是，一旦网络上出现涉及杨达才任何动态的信息，微博、微信、论坛等社交媒体都将成为助力的重要平台。因此，在当前新媒体环境下，短期来看，很多舆情事件的发生与处置都属于闭合状态，但是从长远来看，任何事件都具有开放性质。因此这里我们也要区分公共信息和个人信息在“被遗忘权”规则下的适用问题。

第三节　新媒体舆情构成要素

陈力丹在《舆论学——舆论导向研究》中将舆论解构成主体（公众）、客体（现实社会，以及各种社会现象、问题）、舆论本身（信念、态度、意见和情绪表现的总和）、数量、强烈程度、持续性（存在时间）、功能表现（影响舆论客体）、质量（理智与非理智成分）八个要素，王来华在《舆情研究概论——理论、方法和现实热点》中认为舆情可分为主体（民众）、客体（国

---

① 被遗忘权（right to be forgotten）是指被遗忘的正当权利，即数据主体可以要求责任方删除关于自己的数据记录。引自：张淑玲. 2016. 男子告百度讨“被遗忘权”败诉 法官：欧盟才有. https://society.huanqiu.com/article/9CaKrnJVgkx [2021-1-6].

家管理者）、内容（民众的社会政治态度）、中介（中介性社会事项）、空间（社会空间）等部分，刘毅在《网络舆情研究概论》中将网络舆情的构成要素分为网民、公共事务、网络舆情的时空因素、情绪及意愿等总和、舆情强度、舆情质与量等六个部分。由此可见，即便在理论层面对舆论和舆情进行了区分，但是在现实操作中，舆论和舆情本身在多个层面有很强的交叉性，因此两者在操作中并非泾渭分明。我们如何认识新媒体舆情呢？在舆论、舆情和网络舆情相关研究的基础上，我们可以将新媒体舆情的构成要素划分为主体、本体、中介性社会事项、客体、传播渠道和热度六个维度，由此可以更好地认识新媒体舆情。

一、主体

新媒体舆情的主体主要指网民，它是新媒体舆情产生的直接因素，没有网民便不会有新媒体舆情。网民可以代表个体，也可以代表组织。网民是新媒体舆情的主要推动者和实践者，他们是具有独立人格的表达者，是言语和行动的能动者，能够对信息进行自主“编码”和“解码”，享有法律赋予和保障的权利。具体到新媒体舆情事件中，其主体既可以是有组织、有目的的，也可以是自发形成和结构松散的。无论哪一种形式，都必须就共同话题参与讨论、交流，并发表意见、表达态度。当然，网民的表达并不是绝对自由的，同样受到现实生活中的复杂因素的影响，对事件的理解角度、真实信息掌握程度和社会资本占有的不同情况都会对网民在舆情事件中的表态有影响。此外，网民在舆情传播中的作用也存在一定的层级性，有大V，有小V，也有普通网民，同时关键意见领袖（Key Opinion Leader，KOL）在舆情扩散中的作用也不可小觑。新媒体的舆情主体可从署名度、影响力、倾向性、参与度、网龄分布度、地域覆盖度等六个方面测量。署名度是指主体在新媒体空间中是否署名，可以反映信息的真实度，较容易被网民关注和传播；影响力主要是指舆情主体在舆情事件中的受认可度，包括被浏览次数、被回复数、被转载数等；倾向性是指舆情主体对舆情客体的态度和观点偏向，一般分为正面、负面和中性，也有的新媒体舆情分析会更为简单一些，直接分为正面和负面；参与度是指网络成员对舆情的关注数量，包括新闻浏览数量、评论量、点赞量等；网龄分布度主要考虑的是网龄差异影响下的个体或群体行为差异。新媒体舆情主体的地域覆盖度一般分为三部分：东部、中部、西部。有研究表明，不同地域的网民具有不同的网络性格和网络影响力等，比如：北京网民善谈政治议题，上海网民偏爱经济议题；上海网民较为消极，广州网民表达温和；城市群中长三角网民喜谈政治，珠三角网民更关注互联网。基于地域因素影响的网民在议题关注、情绪及认知特征上有显著差异，因此我们需要关注互联网与新媒体在巩固现实城市实体区域特征的同时，也在重塑数字空间中的地域特征，这将会帮助我们更加深入全面地认识新媒体舆情主体[①]。

二、本体

新媒体舆情的本体是指通过各种数字化新媒体等平台，借助于文字、图表、表情包、音频、视频等多种手段，以网民对各类中介性社会事项表达的情绪、态度、意见和观点等为内容的信息总和。就中国来说，网民本身数量庞大，在职业、地域、价值观、兴趣爱好等不同方面都存在较大差异，导致各种不同情绪、观点等相互交错，使得新媒体舆情形成机制更加错综复杂，对科学研判和分析要求更高。对新媒体舆情本体的观测有两个前提条件：一是网民对某事件的情绪、意愿、态度、意见和观点等要通过网络与新媒体渠道进行显性表达，是具有数字化特征的行为；二是网民的情绪、意愿、态度、意见和观点等要有一定程度的一致性，否则众说纷纭的舆情分析或只关注少数人的意见和态度会误导相关决策。在传统媒体时代，舆情汇集通常只能汇集那些分散在社会中显性的、易见的舆情信息，而很多公众由于没有掌握可以表达的工具沦为“沉默的大多数”，他们的意见是难以监测的。往往在一个事件发生后，很多公众并非没有态度，只是没有被纳入舆情汇集机制中，这种机制很大程度上受到科学方法和技术手段的限制。但是新媒体时代的舆情本体内涵被极大地拓展了，不仅可以涵盖那些围绕中介性社会事项得以表达的态度和意见，而且可以根据网民的任何数字痕迹进行监测。但新媒体舆情也有一个缺陷，即“数字痕迹”，只有在网络空间中留下痕迹才能被监测到，否则依然不能被监测。就内容来说，新媒体舆情本体包括社交平台上文本的发帖量、回复量、转载量等，以及视听类的音视频时长、情感倾向等。引发网民高度关注的新媒体舆情表面上往往是针对某具体事件或社会现象的传播，实质上是社会矛盾和社会心理在网络空间的映射。但是需要清楚地认识到，新媒体舆情并不完全等同于民意，虽然中国

① 赖凯声. 2019. 中国城市的网民性格与网络影响力——基于 90 个城市微博大数据的研究. 现代传播，（5）：152-156.

网民规模位列世界第一，并且数字还在逐年增长，但是并不是所有网民都倾向于在网络空间留下意见的“行为痕迹”，应避免将少数人的意见当作主流舆论。

三、中介性社会事项

中介性社会事项是新媒体舆情发生的直接刺激物①，既包括国家管理者制定和推行的法律法规制度、各类方针政策、工作措施，也包括影响公众利益的人、事、物等引发的现实后果和问题。中介性社会事项可以在经济、政治、军事、社会民生、文化等任一领域产生。不同的社会事项本身性质与牵涉的利益关系不同，导致的舆情影响也不甚相同。

四、客体

新媒体的舆情客体是指舆情事件中的主体所指向的目标对象。与新媒体舆情主体相对的客体狭义上是指国家与社会管理者，包括国家机关、国有公司、企事业单位、人民团体及其他依照法律法规从事公共事务的人；广义上的新媒体舆情客体不仅包含国家与社会管理者，还包括民营企业主、专业技术人员、商业服务人员等除国家与社会管理者之外的一切社会成员。

五、传播渠道

当前新媒体舆情的传播渠道主要分为数字化的传统媒体和原生数字媒体。在媒介融合的社会语境下，打造“新媒体矩阵”成为传统媒体转型探索不断深入后演化出来的新概念。它不同于“传统媒体＋门户网站”的新媒体集群，主要通过汇聚元信息的“中央厨房”向手机、平板电脑等移动智能终端推送信息。要了解新媒体舆情的传播规律，首先需要了解承载舆情扩散的传播载体，即传播媒介。随着中国网民规模的持续扩大，网络舆论的发展继续改写中国传统媒体传播及信息扩散的格局。个人、政府、企业及其他机构纷纷建立自媒体平台，越来越多的自媒体成为新媒体热点舆情事件曝光的首要来源，特别是微博、微信、客户端等社会化媒体的兴起，使很多原有的舆情处理方式和手段都面临失效的境地。新媒体舆情的主要传播渠道是基于互联网的各种新媒体平台，网民对热点事件的关注需要一个可以互相讨论、交流看法的公共空间，传播媒介则

---

① 王来华等在《舆情研究概论——理论、方法和现实热点》中认为“中介性社会事项”是舆情的直接刺激物。

恰恰提供了这样一个空间。不同的传播媒介不仅有不同的特质，而且网友在其中讨论的话题和关注点都有差异。相对于微博的开放式讨论，微信呈现出“圈子式”的封闭扩散。相对于微信群的成员间传播，各大公众号的信息传播更为松散。不同的传播渠道产生的共振作用对新媒体舆情有很强的推动作用。

六、热度

新媒体舆情的热度又称新媒体的舆情强度，是指网民通过网络媒体、微博、微信、微视频、客户端等平台对某一事件的关注和参与程度，可以通过网民对舆情事件的关注数量、强烈程度和持续性进行测量。一般而言，舆情事件都会有一定的生命周期，虽然不会在网络空间内完全消音，但是舆情热度会逐渐消退。不同的舆情事件因其自身的显著性和影响力不同，所产生的舆情热度也不尽相同。热度持续的原因主要有：新鲜话题频出，不断拨动网民神经；后期处置不当，刺激网民情绪；媒体矩阵合力曝光，形成强大的信息冲击波，等等。反之，舆情热度不会持续。事实上，当前热点舆情的热度持续时长越来越短，网民也会因更新鲜刺激的话题转移注意力。在舆情监测系统中，当某一负面舆情的热度超过设定标准值时，就会触发预警系统，进而辅助后期的舆情研判和应对等机制。

第三章　新媒体舆情议题与表达

第一节　新媒体舆情议题的分类

新媒体舆情议题随着社会结构转型、媒介环境变革而变得趋于更加多元、丰富。总体而言，可大致分为经济金融类、政治军事类、社会民生类、文化类和综合性等五类舆情议题。

一、经济金融类舆情议题

经济金融类舆情主要是指网民对经济领域内的一切事件，包括经济制度、经济政策、经济行为和经济现象等的观点、意见和态度。经济增长质量、金融改革、房地产调控等都是与老百姓息息相关的事情，都是很容易引发公众关注的议题。以经济建设为中心是兴国之要，改革开放以来，中国始终坚持对经济体制和机制的改革，经济社会发展取得了很大成就，经济总量跃居世界第二位，从低收入经济体进入中高收入经济体行列。中国未来政策的核心问题依然是经济，在党的十八大以后很长一段时间内，中国经济领域的重要议题主要包括：关于市场在资源配置中起决定性作用的适用范围问题；关于怎样促进混合所有制经济健康发展的问题；关于在市场起决定性作用下中央政府和地方政府职能怎样转换的问题；国有资产监管机构怎样从管企业向主要管资本转变①。此外，近年来，中国不但在传统经济领域引人注目，而且在新经济和尖端技术方面的数据增长也颇受关注。随着中国经济下行压力不断加大，中外特别是中美贸易摩擦以来，国内外舆论呈现更为复杂、棘手的局面，围绕经济金融的热点舆情频发高发，网络平台中也不时出现极端、焦虑等需要疏导的负面情绪。因此经济金融类舆情既包括网民对中国经济社会所取得的成就的关注，以及对促改

① 张卓元. 2014. 需要我们重视的几个改革议题. http://theory.people.com.cn/n/2014/0721/c49154-25305796.html [2021-1-6].

革、调结构、求创新过程中出现的负面事件的关注，也包括中国经济议题在国际社会中引发的舆情问题。

二、政治军事类舆情议题

政治类舆情主要是指网民对涉及国家政治制度、政治事务和意识形态等事件的观点、意见和态度等，这类舆情集中体现了公众的社会政治态度，按国别分为国外政治舆情和国内政治舆情，按内容分为国家政治舆情、政党政治舆情、阶层政治舆情。在政治类舆情中，突发性、敏感性和争议性案件较多，特别是在执法过程中存在执法理念、执法质量、舆情处置等水平良莠不齐的问题，近些年在新媒体平台上此类舆情议题处于易发、频发的态势。

军事类舆情主要是指国内外网民对军队形象、行动（包括战争行动和非战争行动）和事件等发表的观点、态度，相较于其他舆情，具有更强的情报性质。军事类舆情是一种特殊的舆情，虽与普通公众的日常生活距离较远，但是一些敏感和焦点问题又十分容易引发公众关注，特别是许多军迷偏好在网络空间交流国防和军队信息，讨论军事知识，军费问题、军事威胁问题、重大军事行动、对中国军队历史与领袖的抹黑问题等涉军事项都可能引发新媒体空间中网民的强烈关注，但同时应该警惕的是涉军舆情中的泄密问题。

三、社会民生类舆情议题

社会民生类舆情主要是指社会民生领域发生在公众衣、食、住、行等日常生活的方方面面的舆情。这类舆情往往涉及大多数普通人的切身利益，是最接地气的社情民意。收入分配、社会保障、食品安全、环境治理、养老改革、校园暴力、教育政策、就业创业等等都直接刺激公众的敏感神经，其中的热点、痛点、难点、疑点等问题更容易受到大范围网民的关注和传播，因此此类舆情的发生概率和影响范围都比较大，也更受瞩目。在当前社交媒体时代，很多社会民生信息都从网民个体的自媒体平台发布，加之商业力量的介入，导致社会民生类舆情具备了高爆点、低燃点的特征。社会民生类舆情有三个突出特点：发酵演化的动力基础往往是情感而非理性；牵涉的利益关系更为错综复杂；直接考验党群干群关系。社会民生领域的舆情更容易滋生谣言，腾讯公司发布的《2019年网络谣言治理报告》显示，医疗健康、食品安全、社会科学三类是网络谣言的高发领域[①]，因此与公众最密切相关的大民生领域也最容易滋生谣言。

四、文化类舆情议题

文化类舆情主要是指文化、艺术和思想等领域的舆情。当前，改革开放逐步深入，人民群众的精神文化需求更加多样化，以开放、包容、多元、自由为特征的新媒体文化的加入使文化类舆情也出现新的内容，比如以军人角色扮演为重要内容的动漫展、影视剧等都可能会引发文化类舆情事件。

五、综合性舆情议题

综合性舆情主要是指涵盖了经济、政治军事、社会民生、文化等诸多领域的舆情，这类舆情涉及范围广、波及面大，往往从原生领域溢出，引发多个层面的连锁反应。以上对新媒体舆情的分类主要是按照内容性质的粗略划分，但是往往这些不同领域的事件之间会互相转化，一个舆情事件中也可以牵涉多个部门和机构。比如房价调控相关的舆情，如果按照人民群众切身利益来说，当然可以归为社会民生类舆情；但是如果从市场角度来看，则可划入经济金融类舆情；如果从政策制定与实施推行来看，也可以划入政治军事类舆情；而网民围绕房地产调控问题创作的段子、经过艺术加工后的小视频和漫画等，还可以归入文化类舆情。因此，综合性舆情呈现包容性、开放性的特征。有研究证明，近年来，中国网民提及率和持续关注度较高的议题涵盖教育、反腐、环保、房价、医疗、食品安全、收入分配、养老、就业、户籍等诸多领域，这些议题往往相互交织、牵涉关系复杂。

第二节　新媒体舆情表达

新媒体舆情之所以出现，是源于网民可以利用媒介进行表达，且乐于将自己对某个公共事件的观点、态度或情绪等的个人感受表达出来，这种行为是由多种因素共同推动的，并不是某个单一力量决定的。随着新媒体技术的不断更新迭代，自媒体、社交媒体平台等都成为普通公众表达自己看法的阵地，这在传统媒体时代是不可想象的。所以新媒体对不同的人、不同地区具有不同的作

---

① 孝金波，赖晨璐. 2019.《2019 年网络谣言治理报告》揭秘三大谣言高发领域. http://society.people.com.cn/n1/2019/1226/c1008-31524533.html [2020-3-8].

用，但最基本的作用之一就是作为一种技术的新媒体可以赋予人们解放性的力量。在媒体资源稀缺、表达渠道贫乏的“前互联网时代”，街谈巷议、大字报、小报、书信等是公众交流观点和看法的重要方式。进入互联网时代，具有政治功能性的新媒体舆情因为得以表达而出现。但要明确的是，新媒体舆情表达包含显性表达和隐性表达。显性表达指网民通过转发、点赞、评论，甚至借助某些手段直接进行“现身说法”等外显化行为来表达意见和态度，此种表达易于被监测和追踪。隐性表达并不是无表达，它也是一种表达，这就像沉默也是一种态度一样。隐性表达比较难以监测和分析。首先，公众在某一事件中保持集体沉默就是一种隐性表达，比如在重大争议性事件中缺乏“网络痕迹”，因为网络痕迹产生的数据是分析新媒体舆情的前提条件。没有网络痕迹的原因也比较复杂，不可一概而论，这也是新媒体舆情不等于社情民意的重要原因。其次，隐性表达还体现在“顾左右而言他”。例如，在一些全民热议的事件前，某些重要的意见领袖发表一些与之毫不相干的言论或信息，虽然看似与热议事件相关性不大，但是从评论中可发现网民会自行解读，将事件和言论关联起来。这也是一种隐性表达，但在舆情监测中一般是难以监测到的。隐性的新媒体舆情要具体问题具体分析，本书中主要论述的是显性的新媒体舆情表达。

一、特征：新媒体语境下的新表达

新媒体市场为公众表达自己的观点提供了一种新的语境，除了依然延续原有的表达渠道之外，功能和形式丰富的新媒体应用为公众认知打开更多窗口。社交媒体遍地开花，音视频类媒体抢滩风口，特别是主要由即时通信工具、综合应用和垂直细分工具构成的社交应用市场的出现使这种现象更加普遍。以国内为例，如果说以QQ为主要代表的即时通信工具主要满足的是用户交流互动的社交需求的话，那么以微博、微信、知乎、贴吧等为代表的社交应用的媒体属性更加凸显，这些平台也逐渐成为热点事件的策源地。这些基于陌生人交往的媒体主要满足了公众进一步展现自我、认识他人的社交需求。社交应用的属性决定了公众进入关系圈内进行分享的话题是圈内热点或大家共同关注、感兴趣的话题，用户通过这些渠道能更快接触到正在发生的热点事件，通过社交应用对热点事件进行分享和讨论。从新媒体舆情的表达渠道来看，“三微一端”日益成为舆情发酵重要的平台和推手。

（一）新媒体受众——舆情主体的变化

大众传播的受众对应的英文是 mass audience，是一对多的传播活动的对象，具有大规模、跨地域、跨阶层的不确定的特性，电影院的观影者、汽车广播的听众、看报纸的读者、戏剧表演和体育赛事的现场观众都属于受众的范畴。在大众传播中，受众与传媒构成了社会传播过程的两级，两者既相互依存又相互冲突。当媒介生态发生根本性变革，受众本身也发生了改变，有学者按照社会发展的阶段将受众历史分为 1.0、2.0、3.0 三个时代，分别对应前工业革命的前大众传播时代、工业革命的大众传播时代、后工业革命的后大众传播时代（社交媒体时代）。在受众 1.0 阶段，受众是指听众和观众，偏重即时的、现场的对话和交流，常常是面对面、非中介性的，经常聚集受众的地方主要是广场和剧场；受众 2.0 阶段始于 1440 年约翰内斯·谷登堡（Johannes Gutenberg）发明的印刷机开启的大众传播时代，此阶段受众成为媒体用来同广告商交换的商品，受众的本质变成了商品，大众传播的过程把公众变成受众，把公民的对话（conversation）变成媒体单向的训话（lecture）；在受众 3.0 阶段，人人都可以成为记者和出版商，在社交媒体上人们可以交流和对话，虽然此时的受众都是熟悉的陌生人，但是其创造力和话语权与大众传播时代不可同日而语。

值得注意的是，大众传播研究中有几种主要的受众观：作为社会群体的受众、作为市场的受众、作为权利主体的受众。不管以哪一种视角看待受众，依然都是把这个群体置于大众传播解码过程中的角色去认识。研究受众行为的重要理论——“使用与满足”理论同样如此。该理论认为受众能够基于自己的需求对媒介内容进行选择，肯定了受众有一定的能动性，这极大地纠正了“魔弹论”“靶子论”视野下受众完全被动的狭隘假设，但是仅考察受众的媒介接触行为，抛开媒体内容生产、扩散及反馈的过程，并未改变受众作为消极接受者的本质特征。新媒体时代的受众内涵和外延都在发生改变，需要重新阐释，用户、参与者、业余记者、博主等都是人们对受众在新媒体时代新身份的命名。为了突出新媒体受众的主体特性，不少新媒体研究借用了商业和经济领域对客户的称呼，称新媒体受众为新媒体时代的产销者（prosumer）。该词是 1980 年阿尔文·托夫勒（Alvin Toffler）在《第三次浪潮》中首次提出的概念，是指参与生产活动的消费者，他们既是消费者（consumer）又是生产者（producer）。公民新闻（citizen journalism）的诞生就充分呈现了受众的积极性和主体性意识，它是指非新闻职业的公民制作并发布的新闻报道，或新闻业之外的公民从事的新闻报道。与公民新闻很接近的一个名称是“草根新闻”（grassroots journalism），意指非精英阶层的底层老百姓创作并传播的新闻。虽然两者的内涵和所指存在很大差异，但是在表现受众既是信息接收者又是生产者、传播者的多重角色方面非常一致。比如，关于韩国著名公民新闻网站 OhMyNews 的从业者，很难区分这些公民是生产者还是接收者，该网站打出“每个公民都是记者”的口号，它极为依赖业余记者，倡导打破当记者的门槛、打破专业新闻稿的写作格式、打破媒体之间的障碍。为 OhMyNews 网站服务的公民记者中包括上班族、家庭主妇甚至小学生等各种社会身份的人群，他们的身份凸显出多重而复杂的特征。

1. 结构性变化

互联网引入中国已有20余年，网络使用者的主体特征从20世纪末的偏“三高”（年龄高、收入高、文化程度高）为主向偏“三低”（年龄低、收入低、文化程度低）占主流的特征变化，这种结构性变化给当前舆论生态带来多重影响。这里特别需要积极肯定的是年轻化、有朝气的网民群体具有表达欲望强烈、政治敏锐性高等优势特征，这不仅能够有力监督政府和舆论，及时反映社会存在的诸多问题，而且积极参与公共话题讨论可以极大地促进公民社会的发育和成长。虽然前述肯定了我国网民结构对政治社会生态影响的积极作用，但同时应该认识到舆情事件中出现的极端化、情绪化、非理性的网络表达也是我国独特网民结构产生的客观影响之一，思想认知和社会生活阅历的局限性、社会转型期的矛盾高发性等多重因素共同左右了公众的新媒体表达。比如近几年网络上常用的新词 diss、pick 等，在年轻群体中运用甚多，表面上看是网民用调侃的话语针对某一事件进行态度、意见或情绪的表达，其实深层次上体现了不同舆论场的撕裂和对立。

2. 基本特征变化

新媒体环境下的“传－受”关系发生很大改变。一方面，传播者的中心地位被撼动，不再一味地妄自尊大，传统媒体需要根据社交媒体特性调整发展战略和运作策略；另一方面，接收者不再单纯地被作为信息传播链条的末端接收信息，很多情况下，既是信息接收者，又是内容生产者。简而言之，新媒体时代中受众具有以下特性。

1）主体性凸显

大众传播学中的线性传播模式常受到争议和质疑，但由于这种模式的可操作性强，所以依然被作为分析当前传播现象和信息扩散等问题的普遍性视角，此种分析视角往往把受众视为传播流程中的一个具体环节，并未凸显受众群体的主体性。为了更为全面地认识受众本身的变化，我们还可以从文化研究的视角切入。20 世纪 70 年代以后，文化研究调适了早期重视文化生产环节而非消费环节的倾向。这种倾向背后的一个理论预设是：控制文化活动，包括意义生产的是生产过程而不是消费过程，即使是文化消费行为也受生产控制，消费者是消极被动的。[①]随着葛兰西转向之后，斯图亚特·霍尔（Stuart Hall）较早关注了接受—消费—解码环节的复杂性问题，他认为“‘受众’不是白板一块，他先已为‘话语’所构造并将这些话语带入他的接受活动”[②]。霍尔提出了接受者解码文本包含三种类型，即主导型、妥协型、反抗型，这成为迈向能动观众理论的重要标志，激发了后人众多的研究成果。霍尔的学生戴维·莫利（David Morley）验证了“编码/解码”模式的合理性，进一步丰富了“受众能动性”概念。米歇尔·德塞都（Michel de Certeau）、约翰·费斯克（John Fiske）、亨利·詹金斯（Henry Jenkins）等学者的研究延续了强调包含受众在内的大众消费者的能动性、主动性和创造性的框架。除了上述理论层面对受众主体性转变的研究之外，实践层面，在网络与新媒体普及的今天，受众的主体性和积极性通过各种新媒体技术得以呈现，创造性生产就是其重要表征。

2）创造性生产

受众的创造性生产是指网民在既有文本的基础上或新领域充分发挥想象力和创造性，借助新媒体技术手段进行生产的行为。该行为涉及的对象包括表情包、图文、短视频、音频、直播、虚拟现实等。新媒体的数字化特性，使任何文本都变得可处理、可操作、可再造。诞生于 2007 年北美的暴走漫画（简称暴漫）系列已风靡网络十余年。该漫画通过简单的手绘表情构成一种开放式网络文本，内容常取材于日常生活中的糗事、笑话和有趣的段子，呈现出来的

① 陶东风. 2009. 粉丝文化研究：阅读-接受理论的新拓展. 社会科学战线，（7）：164-172.

② 金惠敏. 2010. 积极受众论——从霍尔到莫利的伯明翰范式. 北京：中国社会出版社：12.

开放性让众多网民乐于参与其中。依靠简单的技术任何人都可以拥有属于自己的“暴漫脸”，进而以表情包的形式在网络上传播。以暴漫为代表的表情应用只是受众创造性生产的一个缩影，改造、涂鸦、嘲讽及恶搞，这些看似破坏性的行为恰恰孕育着受众权利的解放和自由力量。自主选择信息、参与内容生产、自我形象呈现等受众主体性的实现同样离不开技术的支持，而在马歇尔·麦克卢汉（Marshall McLuhan）看来：“任何媒介或技术的‘讯息’，是由它引入的人间事物的尺度变化、速度变化和模式变化。”[①]新媒体作为积极作用机制，改变了受众的生活方式、认知模式和交往模式，这种新的尺度同时也让受众可以充分调动可利用资源、拓展参与空间、发挥主观创造力。

3. 警惕新媒体受众网络乌托邦

如前所述，新媒体语境下的“传一受”关系发生了重大改变，移动互联网创造了大众传播媒体无法比拟的全新生态，受众不仅可以通过分布在互联网的任何一个节点主动获取信息，还可以作为信息发布的主体，与更多人共同体验、创造及分享信息，但是要警惕的一个误区就是容易陷入受众网络乌托邦。处于受众网络乌托邦想象的人们会认为新媒体、新技术完全解放了受众的被动地位，从此受众变身为绝对的传播者，与传播者处于双中心的平等地位。如果这样理解就跳进了绝对论的陷阱。受众的表达和创作自由从来不是绝对的，而是在不影响他人自由的前提下的相对自由，戏仿的狂欢、涂鸦的恶搞、异型的颠覆等网络化行为也是有底线的。2017 年 5 月 5 日，青蛙佩佩作为全球首个被作者画死的表情包“寿终正寝”，就是因为这样一个常被用来表达失望和悲伤的表情包后来演变成了含有种族主义和白人至上的强烈政治意味的工具，即便是网络中的一个表情包，也不能违背现实社会规制而肆意创造和传播。因此，我们需要认识到，受众网络乌托邦的幻想破灭的原因主要在于：一方面，受众依然受到现实社会中的制度、法律法规和政策环境等的制约，不能任意生产制作以及大范围传播有害、不良、不宜的内容。事实上，越来越多的国家都开始重视网络安全和网络治理。网络不是法外之地，网络实名制和数字化个人行为使管理者更容易对受众实施精准监控，“该微博已被删除”“该链接不能打开”“此条信息已被举报”便是外在规制对受众网络乌托邦进行约束的真实写照。

---

① 马歇尔·麦克卢汉. 2011. 理解媒介：论人的延伸（增订评注本）. 何道宽译. 南京：译林出版社：34.

另一方面，受众的网络表达和行为受到自身素质、教育水平、职业、年龄等因素限制，相比于原创，网民的转载和复制行为的绝对值更大，这意味着在新媒体时代的受众依然有很多仅仅是“受众”，认同、跟随甚至盲从。总之，既要认识到新媒体时代中受众主体性意识的觉醒和潜力无限的创造性，同时也要认识到“受众商品论”，这影响着是把受众作为权利主体还是仅仅作为广告商们瞄准的获利对象来看待。

（二）舆情议题的多重性

网络与新媒体已经成为社会转型期的社会心态的重要交锋阵地，多元的文化样态、复杂的网民心理机制、趋于激化的多种社会矛盾与对立冲突等共同强化了舆情事件的形成。新媒体舆情不等于全部的社情民意，但是可以反映出一部分或者大部分公众的态度、意见或情绪。一方面，随着中国社会改革进入深水区，一些深层次的社会矛盾和问题逐步凸显，各种利益矛盾和冲突更趋复杂，社会利益的协调难度不断加大，这也是在某一事件受到广泛关注后，会涉及多个部门的根本原因。例如，2015 年广受关注的“8·12 天津滨海新区爆炸事故”引发国内媒体和公众的强烈关注。事故首先在微博、微信等社交媒体上快速传播，很快成为全国性热点突发事件。随着外媒记者的现场报道，该事故也成为 CNN、英国广播公司（British Broadcasting Corporation，BBC）等境外知名媒体报道的重点新闻，引发国际舆论关注。天津市政府部门 10 天时间召开了 14 场新闻发布会，信息发布机构涉及天津市的环境保护、卫生健康、公安消防等诸多领域的行政部门。虽然前 6 场发布会产生的次生舆情颇受非议，但是这样的一场涉及部门较多、涉及利益复杂、伤亡人员惨重的事故在近年来甚为少见，发布会的高频和回应意识还是值得肯定的。另一方面，一些涉及干群关系、贪污腐败、贫富分化、房价物价、城管执法、征地拆迁、司法公正、医患关系、食品药品安全、教育政策等的现实问题，直接关系民众切身利益，各类社会矛盾与利益冲突复杂交织，由此引发的民众负面情绪容易形成一种脆弱的社会心理，加之网络传播的瞬时积聚和催化效应，在网络平台上极容易产生“蝴蝶效应”，经由很小的一个事件引发民众的情感共鸣，形成新媒体舆情。

（三）表达指向的复杂化

新媒体舆情的表层信息是指网民的态度、意见和观点的总和，但是深层信息往往指向事件背后的权力关系、利益矛盾等。

从意见表达倾向上看，目前我国互联网空间的舆情基本面较为健康，主流价值观方面牢牢占据舆论阵地，但还存在一些不容乐观的现象，诸如网民在公共网络平台上的社交表演不良倾向、个体汇入网民群体之后的非理性心态、网络平台的独特筛选机制造成的对某类极端观点的选择性放大、现实社会中矛盾冲突得不到有效解决带来的不满情绪发泄等，这些现象背后的网民意见和态度都会借助相对自由的数字虚拟空间集中释放。我们需要从政治学、管理学、传播学等多个学科视角对这些舆情现象及其深层演化规律加以剖析，并深入研究新媒体舆情表层信息背后所指涉的真正问题，比如网络舆情与舆论相互转化所形成的“舆情雪球”现象，“舆情支持与舆情危机”对政治稳定和合法性研究的延展，党和政府建立的“社会舆情汇集分析机制”对中国政治沟通理论和制度方法的探索实践，以及日趋兴起的舆情指标和预测预警研究对政府绩效评估和公共管理提供的技术支持等。

二、方式：多模态话语表达

模态原本是语言学和语言教育领域的一个术语，语言学家查尔斯·福塞维尔（Charles Forceville）明确地把模态界定为“运用感官建构意义的符号系统”，并把模态分为图像或视觉模态、听觉或音波模态、嗅觉模态、味觉模态、触觉模态[①]。随着多模态交互应用和数字技术的推广，多模态成为众多学科关注的热点议题，这一滥觞于 20 世纪末的隐喻研究内涵和范畴得到不断拓展。多模态话语即融合了语言和非语言符号，由文字、图像、声音、色彩等各种模态综合而成的话语表达形式。换句话说，多模态话语调用了人们的听觉、视觉、触觉等多种感知模态，意义的实现也正是借助多模态形式进行的，历史悠久的语言只是诸多形式中的一种。但除此之外，图像、声音、颜色、线条、动画等其他意义表现形式都是模态中的形式。新闻传播视角下的多模态话语研究侧重从信息传播角度评价信息接收者所感知的话语模式，随着媒介技术的快速迭代，数字媒体带来的非语言符号日益丰富，形成了与传统媒体时代差异较大的传播样态，由此，继语言学转向之后的图像转向推动了以文字为单一模态的话语世界向多模态并存的话语世界转变。特别是在大力推行媒介融合的今天，0 和 1

① Forceville, C. 2009. Non-verbal and multimodal metaphor in a cognitivist framework: Agendas for research. In C. Forceville & E. Urios-Aparisi, *Multimodal Metaphor* (pp. 1-24). Berlin, New York: Mouton de Gruyter.

的运算规则使原先需借助于不同介质的传播和表达形式整合在一起成为可能，对于传播者如此，对于“传－受一体者”同样如此。受众不再仅仅是信息接收者，因为当他们在面对某一事件运用适当的方式表达自己的观点时，他们的被动性角色已经发生了改变。文字、图片、音频、视频等这些诉诸人们多种感官系统的话语表达正全方位地构建着我们对现实世界的感知和认识。传统媒体因为讲求顺序性、限时性等因素，给人们接收信息带来很大的不便，与此相比，新媒体就显得更加自由了。正如杰•莱姆克（Jay Lemke）所说，电子语篇因为有了超链接这一技术手段，使得阅读成为一种自由的“旅行经历”。对导航结构的研究凸显了非语言模态在话语中的重要作用，也将非语言类的细节性选择带到话语阐释的突出位置。人际交往中，人们总是将语言、表情、肢体动作作为交流的媒介。数字时代的技术进步使多模态话语延伸至网络空间。新媒体舆情的表达方式是符号，包括文字、声音、图像等，而承载符号的是媒介，因此媒介技术的进步和变迁也使得舆情表达的形式有所变化。

就当下中国的舆论环境而言，新华社原总编辑南振中的“两个舆论场”之说自提出之时就备受关注。主流媒体营造的“媒体舆论场”是由党报、国家通讯社、国家电台和电视台等传统大众媒体组成的，宣传主流文化和核心价值观，维护社会和谐，是通过一种自上而下的方式呈现的舆论场；而人民群众议论纷纷的“口头舆论场”则从过去依靠口口相传发展到如今依靠互联网，且随着论坛社区、微博、微信等社交媒体的兴起，这些平台逐渐成为民众意见的汇聚地，是通过一种由分散到聚合的方式呈现的舆论场[①]。后来又有“三个舆论场”之说，内涵不一，有的研究认为“三个舆论场”是指政府舆论场、媒体舆论场和民间舆论场，有的研究认为中国官方、中国民间和国际社会构成了三个舆论场的主体。不管如何划分，民间舆论场的地位都不可或缺。在该场域内，公众的网络表达方式十分丰富，这与社交媒体的迅速发展密不可分。随着新的数字空间的拓展，新型信息传播模式和社交方式为公众的多模态话语表达提供了极大的可能性，并且不同的模态表达也会相应地产生不同的传播效果，博客话语、微博话语与微信话语就具有截然不同的表现风格。网民表达个人观点、意见和态度时运用的新媒体话语不单单是两种或两种以上语言风格的简单相加，而是随处可见的以多媒体形式呈现的多模态话语，并且内容越来越丰富。网民对非

① 南振中. 2003. 把密切联系群众作为改进新闻报道的着力点. 中国记者，（3）：6-10.

结构化信息的使用范围迅速扩大，但这些信息对于计算机的理解和处理而言并不友好，因为图片、表情包和音视频等与意思相对清晰的文字表达不同，需要交流双方基于共同文化的语境和语义进行理解。虽然目前基于自然语言处理、语义分析的信息技术发展迅猛，对理解各段信息之间的关联大有裨益，但是计算机执行相对复杂的分析操作依旧相对困难。

（一）文字、图像、图文结合

在新媒体舆情监测和分析的内容中，文字是最常见也相对容易处理的信息。公众在就某一事件表达自己的观点、意见和态度时，可以借助短文形式，最为典型的是短评论，少则一个字，多则数百字，并无统一标准，社交媒体推特（Twitter）、微博改版前的 140 个字符如果是一个参考的话，那么这是一个不算严谨的标准；可以借助长文形式，当然，长文则没有标准。此外，随着人们的阅读方式和习惯越来越偏重视觉化，单纯以文字为主的表达有时难以传播网民的意图，采用更直接、更形象的图像或图文结合的形式逐渐变得常见。图像可以由光学设备获取，如照相机、镜子、望远镜及显微镜等，也可以人为创作，如手工绘画等。数字采集技术和信号处理技术使愈来愈多的图像以数字形式存储，因为，有些情况下“图像”一词实际上是指数字图像。有时，图像不仅仅是文字的图解，还是对文字内涵或指向的延伸，它能够激发信息接收者的视觉联想，从而与文字配合准确完整地传达发布者的编码意图。图文结合的形式非常丰富，文字对图像予以简单说明是一种结合，借助第三方平台制作长图也是一种结合。

（二）音频、视频

智能终端的科技革命促使音频、视频正在成为公众社交、信息传播的主流形式。虽然没有直观图像，但是音频所具有的伴随式的特征在公众各类生活场景中非常适用。苹果 Podcast（播客）的普及让很多人可以制作自己的有声作品；在国内，豆瓣 FM、喜马拉雅 FM、荔枝 FM、蜻蜓 FM 等音频类 APP 方兴未艾，不但很多自媒体的知名大 V 开通了有声频道，而且普通公众也可以在此类平台上开播自己的广播电台。图像时代转向的表征之一就是视频类自媒体的大众化和普及化。视频、音频类编辑技术的低门槛也为普通公众传播信息和观点提供了便利，这意味着只要具备简单的互联网应用知识，人们就可以随时拿起移动互联网设备拍摄或录制一段音视频传播到网络上。我们可以看到，近些年来一些热点舆情的信源往往来自普通网民，这些非专业、非职业的网民生产的信息内容甚至会成为主流媒体引用的直接来源。快手、抖音、梨视频、火山小视频、西瓜视频等众多短视频平台近几年竞争激烈，移动网络的逐步普及使大量网民都具备了信息发布者和传播者的条件。众多周知，音视频表达更为直观、形象，一方面，可以给人们提供一种便利、新型的传播方式，公众可以更加便捷地参与公共话题讨论，就某一政策直接发表看法，从而促进政治民主化进程；另一方面，正因为音视频具有极强的直观性，其传播效果也愈加逼真和令人信服，所以更容易扭曲事实和混淆是非，相应地引导舆论向不良方向发展。从普通公众的角度出发，面对这些话语表达时，我们更应该具备理性、冷静的头脑。换个角度看，音视频的话语表达为舆情监测和分析带来了新的挑战，因为目前大多数舆情监测系统仍然瞄准的是图文文本，音频、视频的监测难度较大，音频识别、智能语义分析等领域依旧有很大空间可开拓。

（三）表情符号

1982 年，美国卡内基梅隆大学的斯科特·法尔曼（Scott Fahlman）教授创造了一串 ASCII 字符“:-)”，将其顺时针旋转 90 度可以得到微笑的表情。因为其趣味性和形象性被社会大众广泛接受，网络表情符号在互联网空间流行开来。后来发展为对某些网络红人或娱乐明星的表情和漫画进行二次加工，同时配上简短的文字做成静态图片或 GIF 动图。属于表情符号中的表情包则是在网络表情的基础上制作的主题统一、风格相近、意义多元的网络表情系列。2017 年 7 月 18 日，教育部语言文字应用管理司、语言文字信息管理司发布的《2016 年中国语言文字事业发展状况》显示，表情包入选 2016 年度中国媒体十大新词语[①]。所谓“表情包”尚未有明确清晰的界定，从传播过程和特征来看，表情包是指融合了文字、图片、视频等多种形式在网络平台上传播的一种话语方式，它通常以戏谑、恶搞、隐喻的手法直接或间接地表达传播者的意图。近年来，以表情包为代表的图像模态成为新媒体舆情传播的重要内容。例如 2019 年自称“中国网络上的民间爱国组织”的“帝吧”再次“出征”，与 2016 年

① 教育部语言文字应用管理司，语言文字信息管理司. 2017. 2016 年中国语言文字事业发展状况. http://www.moe.gov.cn/jyb_xwfb/xw_fbh/moe_2069/xwfbh_2017n/xwfb_20170718/170718_sfcl/201707/t20170718_309492.html [2019-6-10].

针对台湾岛内的“台独”现象[①]“出征”的目的不太相同的是，这一次其联合了“饭圈女孩”，在境外多个社交平台那些歪曲香港事实的话题标签下面据理力争，他们用自己的方式在社交平台上展开集体行动，并得到了官方认可。2019年8月18日晚，央视《新闻联播》点名表扬“帝吧”和“饭圈女孩”，人民日报、央视新闻和共青团中央等官方微博也对此次“出征”行动进行了肯定，中央政法委长安剑在其微信公众号刊文，也褒赏了“饭圈女孩”用特有的文化守护中国每一寸领土[②]的行为。值得关注的是，本次网络动员活动继续沿用了2016年“出征”“利器”——表情包，且种类丰富、花样繁多，或直白或隐晦，或理性或感性，按照斯科特的说法，表情包应是一种“隐藏的电子文本”，隐藏文本的制作不仅取决于相对自由的物理位置和空闲时间，而且取决于创造和传播它们的活跃行为者[③]。以表情包为重要表达方式的“出征”，一方面加速了“帝吧”和“饭圈女孩”的态度扩散，另一方面表明了官方强硬态度之外的民间立场。

网络与新媒体空间的多模态话语的综合应用，可以使网民更好地表达对舆情事件的个人观点和态度，也正因为舆情信息借助多样化的形式得以呈现，在提高传播与扩散效果的同时，新媒体舆情的多模态话语表达客观上还形塑了一种新型媒体文化。

三、效果：基于发生结构的不同效果

利用新媒体进行的舆情表达促使效果最大化是舆情主体的重要目的，虽然也不排除部分个体的表达并无明确目的，只是为了情绪发泄或无意识狂欢，但是客观上，围绕某事件在新媒体空间产生的舆情表达都会产生一定的效果，且对于不同主体来说，考虑的角度和利益不同，对同一事件的舆情表达效果解读会存有差异。比如，网民围绕某一化工项目落地表达的观点和意见中充斥着愤怒、不理解，对于政府主体来说这种舆情表达呈现的效果属于负面效果，但是

---

① 2016年的“帝吧出征”事件是指一批大陆青年网民在“帝吧出征，寸草不生”的口号下，集结在社交媒体Facebook上，在一些公众人物和台湾媒体的评论区留下大量图文评论，其中对图文表情包的大量使用成为国内外关注的新闻热点。

② 长安君. 2019. 饭圈出征！帝吧出征！是什么让年轻人一夜长大？ https://mp.weixin.qq.com/s/7v4z3ozLOkHnLpDrYqxOcQ [2020-9-20].

③ Scott, J. C. 1990. *Domination and the Arts of Resistance: Hidden Scripts*. New Haven: Yale University Press: 123.

对于网民这一主体来说，因为表达了对该化工项目担忧焦虑的情绪，导致地方政府开始征求群众意见，最后导致项目暂停、推迟甚至直接“流产”，通过意见表达所指向的诉求得到重视和解决，体现出效果的正面性。采用何种模态话语进行表达、基于何种平台传播、针对哪些受众人群进行传播等因素都会影响最终的效果。

上述分析网络舆情“反转”的诸多因素基本是从传播学视角切入的，如果从发生结构的视角来看，任何一起新媒体舆情事件基本都是由信息控制主体和舆情推动主体构成的双向行动结构，两者表现出不同的行动逻辑，前者是在垄断核心事实的基础上进行选择性发布，后者则是试图借助舆论的力量倒逼事实真相，舆情事件的反转就是在双方相互对峙、博弈的结构性过程中发生的。信息控制主体的选择性发布或刻意片面性发布放大了局部事实，导致比较明显的逻辑漏洞的产生。但是在互联网空间，舆情事件的演化并非基于单一主体的推动，在多主体的共同聚合下，信息链中的缺失环节和关键内容很容易被发现，诸多碎片不断拼凑、还原事件本身，这样就带来了所谓的反转。的确，舆情反转并不是一个新现象，但是跳脱出大众传播时代信息传播过程的模式分析，从发生结构的视角来看，舆情推动主体的积极力量会使越来越多的反转成为常态。

（一）新媒体舆情表达产生的正面效果

新媒体舆情表达产生的正面效果大致分为两类：第一类是表达本身的积极正面性，对表达主体与表达客体来说获得了共振效果，而对国家治理者来说，基于新媒体舆情表达正面效果的监测与分析属于常态化机制，重视公众对制度运行、政策措施落实、政治行为等的正向反馈，可以更好地促使政治制度的完善和国家治理水平的提升。第二类是舆情演化后期的应对和处置措施得当促使舆情表达产生的正面效果。例如，2019 年 8 月 8 日，江宁公安在线发布一条微博，其内容是对网民投诉警务人员和网格员涉嫌侵犯个人隐私事件的回应与澄清。根据微博系统分析，在江宁公安在线的数据截止次日（2019 年 8 月 9 日 7：37），该事件的单条微博覆盖人次已达约 5671 万，江宁公安在线的微博共收获有效转发 3076 次，评论数 3251 条，点赞数 75 271 个，微博在传播中共形成 17 个转发层级，第一层级转发者共转发 1475 次，是微博传播的主要力量[①]。值得注意的是，第一层级的有效转发者大多是加 V 的自媒体博主，由于官方账号对事情经过及可能存在的误解进行了详细公布，受到了网民的普遍理解和肯定。

（二）新媒体舆情表达产生的负面效果

新媒体舆情表达的负面效果是指网民围绕中介性社会事项发表的观点和意见产生的负面、消极等特征的效果，对这类舆情的解读分析是当前舆情研究中的重点内容，也是舆情服务客户的最大需求。新媒体舆情表达产生的负面效果体现在三个方面：①网民群体极化现象；②情绪性、非理性表达占主导地位；③谣言与生造信息泛滥。新媒体舆情表达产生负面效果的原因主要有：第一，涉事者本身言语或行为不当。2019 年 7 月 26 日，央视《经济半小时》播出的专题节目《学校里的“假水泥”》中，记者采访山东省枣庄市台儿庄区市场监督管理局某干部时，该干部竟然直接面对记者镜头只张嘴不出声表演哑语。此事经媒体报道后，旋即在网络空间传播，“自作聪明”“丑态毕露”成为舆论评论该负责领导的重点关键词。两天后，台儿庄区市场监督管理局党组公布消息称，鉴于该同志在某公司水泥调查案中未能采取正当方式回应记者调查采访，态度不积极、不端正，且在社会中造成不良影响，决定“暂停其职务”，问题水泥去向、涉事人员和公司如何处理等问题依旧被追问。第二，过度宣传。“正面宣传为主”是中国共产党指导新闻舆论工作的基本方针之一，但是正面宣传也讲求“时、效、度”，如果不谨慎可能会带来适得其反的效果。2016 年，《贵州都市报》报道了一则《特警放弃婚礼去参加比武 新娘一个人拜堂》的新闻，文章肯定了“一个人的婚礼也幸福”的态度，随后数个官方微博账号进行转发，但在社交平台上引发不少网民调侃，笔者相信该新闻报道的真实性和新郎身为特警为工作牺牲的精神、新娘及家人的宽容理解，但是这种将其当作正面楷模进行大肆宣传的报道显得缺乏人情味。此外，认知与理解存在极大差异、负面社会心态积累、应对与处置不力等都是能够刺激舆情表达产生负面效果的重要原因。

---

① 江宁公安在线．2019．微博传播效果分析．https://wfx.51wyq.cn/share/view/kagUiGQb21mIyd4Zrus [2020-6-10].

（三）正负效果的相互转化

舆情表达正负效果的相互转化已经成为网络与新媒体空间中伴随热点事件爆发的一种重要现象。转化既可以表示事件从正面舆情变为负面舆情，也可以表示从负面舆情变为正面舆情。其实，舆情事件性质的相互转化现象并不新鲜，传统媒体时代也存在舆情反转，只不过由于大众媒体组织的主导性，很多负面舆情源发于媒体组织内部，而新媒体时代的舆情反转与社交媒体的关系更为紧密，社交媒体中某一信息线索由于一定特质引发网民关注后，旋即引发片面评价和态度。随着更多信息的披露和相关方介入，剧情突然发生逆转，网民的态度也立刻随剧情的逆转而转向。舆情反转就像一枚硬币的两面，一方面暴露出网络舆论理性程度不足，但另一方面舆情反转日益频繁地发生，则喻示着中国网络舆论场自我纠偏机制正在快速形成。在舆情反转过程中，新媒体在舆情事件演化中起到推波助澜的作用。例如，近年来发生的“罗一笑事件”“安庆袭警事件”“大学生掏鸟窝获刑十年半事件”“西安医生手术台自拍事件”等等，舆情反转的成因涉及信源的准确性、主体的话语权意识、信息平台控制力、新信息的增加与否等因素，受到舆情演变的影响，受众情绪同样会发生反转。以“罗一笑事件”为例，网民情绪发生反转的成因和形成机理中，舆情信源框架机制首先影响受众在信源信息基础上的处理机制，初始信源和媒体信源的信息组织、表达方式为事件基本定调。在初始信源中，罗尔对事件的描述缺乏客观性和完整性，非常注重情绪化表达和煽情，利用面对重大疾病一位普通父亲的无奈和无力，与女童天真烂漫形象共同牵动了网民的注意力。在事件发生反转后，网民迅速将罗尔描述缺失的部分与之前对比，并利用多种媒介手段（图片、视频等）将信息夸张放大，最后竟“制造”了一位重男轻女、贪婪自私的父亲形象，与原来的设定大相径庭。社交媒体时代的舆情演化过程中，网民可以与信源直接接触并通过主观判断确立立场。这种信源信息中枢处理机制一方面源于对信源信息质量的认知，另一方面也可以从动机、能力、品质和病情等方面形成对求助方的认知。此外，网民对救助模式的“成本”感知同样重要，不用通过实际的捐款捐物形式，只需要简单转发就可以满足网民对求助者共情的情感需求，从而更容易让网民产生信任并作出转发行为。另外，对社会环境的感知判断、周遭群体行为等外在因素都会对网民的意见和态度形成施加影响。

既然舆情反转呈现出变化莫测的特征，那么是否能预测舆情具有反转的可能性呢？从定性到定量，新闻学、传播学、心理学、社会学、管理学等做了不少尝试。不少热点案例表明，自媒体在舆情演化过程中扮演着关键角色。自媒体舆情反转预测的关键是要确立要素之间的非线性关系结构，预测的难点是将要素之间的因果关系进行量化。个体、媒体和信息服务平台、政府等诸多因素在舆情反转过程中相互交织，从个体来说，应进一步提升媒介素养和规范信息发布行为；从渠道来说，职业媒体应注重经济效益和社会效益的平衡，社交平台应强化信息审核机制和推行科学的审核方法；从管理主体来说，政府应建立健全管理、追责与补偿机制等。

第四章　新媒体舆情演化的一般规律

第一节　新媒体时代的舆情模式嬗变

模式，是对现实事件的内在机制以及事件之间关系的直观和简洁的描述，具有结构性和功能性两种类型。它是理论的一种简化形式，具有构造、解释、启发、预测等多种功能，可以向人们提供某一事件的整体情况和明确信息。此外，模式可以采用单纯的文字叙述、图像描述、数学公式等几种形式，大众传播学学科奠基人丹尼斯·麦奎尔（Denis McQuail）将模式看作是用图像形式对某一事项或实体进行的有意简化的描述。大众传播领域对传播模式的探索从未停止过，从拉斯韦尔 5W 模式到香农-韦弗模式，从纽科姆 A-B-X 模式（Newcomb's A-B-X Model）到韦斯特利-麦克莱恩模式，从施拉姆大众传播模式到马莱茨克大众传播过程模式，经验学派的学者们都试图用模式来阐明大众传播的规律。如果说传播模式可以用来描述或解释传播过程，那么舆情传播模式可以用来描述或解释舆情的传播过程。舆情不仅仅体现为静态的公众态度、意见或情绪，更重要的是它同时是一种过程，可以把这种过程称为舆情演化。某事件的发酵－高潮－消退等不同阶段如同大海波浪此起彼伏，同一阶段内舆情涉及的传播路径、传播关系、传播主体等也很复杂，使用传播模式的视角重点是为各种特殊状态提供一般图景，提炼出新媒体舆情传播的一般形式，并与传统媒体时代的舆情传播模式进行对比，进而发现可供研究的重要问题。

随着媒介技术的进步和市场需求的扩大，舆情行业越来越有算法化的倾向。我们在认识和分析新媒体舆情时，需要借助科学的分析工具和研判依据，但是我们在看待辅助工具的功能时却存在不少问题，主要表现在：用数学统计软件代替舆情分析的科学性；通过把经典概率理论简单可视化来代替舆情分析研判的复杂性。在具体的方法方面，强调自动分类，或者强调以贝叶斯理论为基础的概率分析法、话题检测与跟踪（Topic Detection and Tracking，TDT）

技术、传统的 k 均值聚类空间分析等，这些方法的确在话题热点呈现方面有所突破，但分析内容仅仅停留在热点和焦点方面，对新媒体舆情的生成机理、公众心态、信息及其内在的深层结构等缺乏更为宏观、深入的剖析。基于此，有学者构建了互联网内容与舆情的热点（热度）、重点（重度）、焦点（焦度）、敏点（敏度）、频点（频度）、拐点（拐度）、难点（难度）、疑点（疑度）、黏点（黏度）和散点（散度）等十个分析模式和判断依据，透视互联网内容及舆情形成和发展的基本特点。

一、大众传播时代信息传播的基本模式

在传播学领域，传统媒体时代主要是大众传播模式占主导的时代，确切地说，是美国主流传播学占主导的时代，信息传播过程的模式非常依赖专业媒体的言说逻辑，因此，传统的舆情演化也受到大众传播模式深深的影响。

丹尼斯·麦奎尔和斯文·温德尔（Sven Windahl）在《大众传播模式论》一书中对大众传播模式进行研究，最后梳理出了 20 余个传播模式，其中大部分模式建构者与模式本身已被新闻与传播领域学人所熟知。

（一）模式一：拉斯韦尔 5W 模式

1948 年，美国政治学家哈罗德·拉斯韦尔（Harold Lasswell）提出了传播研究领域中最有名的命题，即描述传播行为的一个方便的方法，是回答下列五个问题：谁，说什么，通过什么渠道，对谁，取得什么效果。如图 4-1 所示，这五个问题也构成了大众传播研究经验学派最为基础的五个领域，包括控制研究、内容分析、媒介分析、受众分析、效果分析。虽然拉斯韦尔公式受到了种种质疑，但是不得不承认它的确清晰地描述了复杂的大众传播过程，这种“复杂问题简单化”的取向体现出强大的影响力。

图 4-1 拉斯韦尔公式及其相应的传播过程诸基本要素（1948 年绘制）

资料来源：丹尼斯·麦奎尔，斯文·温德尔. 1997. 大众传播模式论. 祝建华，武伟译. 上海：上海译文出版社：17

（二）模式二：香农-韦弗的"数学模式"

香农-韦弗的"数学模式"又常被描述为线性模式。该模式描述了传播过程是一个从信源到信宿的直线的单向过程。在该模式中，克劳德·艾尔伍德·香农（Claude Elwood Shannon）和瓦伦·韦弗（Warren Weaver）提出了"噪音"因素，来隐喻传播过程的复杂性。由于噪音的加入，传播信号可能会不稳定，影响传播效果，导致传播失败（图 4-2）。

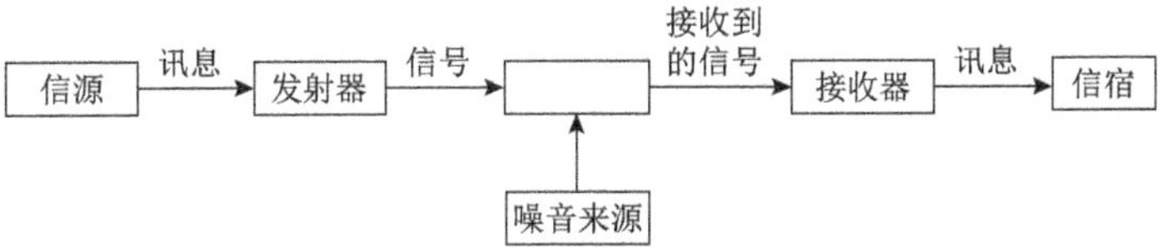

图 4-2 香农-韦弗的"数学模式"（1949 年绘制）

资料来源：丹尼斯·麦奎尔，斯文·温德尔. 1997. 大众传播模式论. 祝建华，武伟译. 上海：上海译文出版社：20

（三）模式三：奥斯古德-施拉姆模式

该模式对单向的"数学模式"进行了修正，注意到了信息传播的循环性，认为编码者、释码者和译码者同样具有主观能动性。虽然传播的线性模式受到了后来研究者们的批评，但是试图调试并跳脱这种过于简单的线性模式的循环过程同样走入了另外一个极端，即将传播过程中的行动者过度理想化，将之抽离至真空的、不合实际的状态，忽视了现实社会环境、技术环境、政治环境、文化环境等更为复杂的因素。该模式如图 4-3 所示。

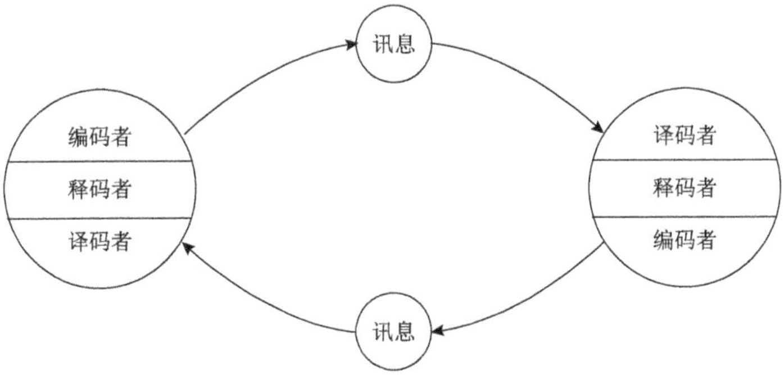

图 4-3 奥斯古德-施拉姆模式（1954 年绘制）

资料来源：丹尼斯·麦奎尔，斯文·温德尔. 1997. 大众传播模式论. 祝建华，武伟译. 上海：上海译文出版社：22

（四）模式四：丹斯螺旋模式

弗兰克·丹斯（Frank Dance）的螺旋模式最大的贡献在于表现了传播过程的动态性。20 世纪五六十年代盛行于美国和其他西方国家的行为主义理论给社会科学带来的最大改变是将行为、互动、过程等因素引进来，对传播学同样如此。前述三种模式的共同点在于将传播过程描述为一种静止的要素分析过程，但是在现实中传播恰恰是一个不断运动着的过程。该模式如图 4-4 所示。

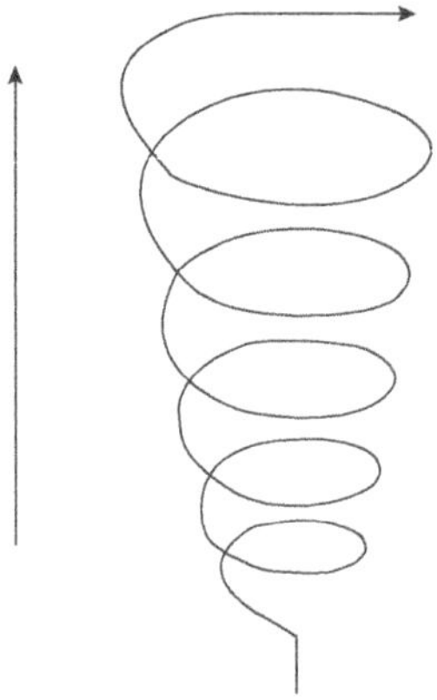

图 4-4　丹斯螺旋模式（1967 年绘制）

资料来源：丹尼斯·麦奎尔，斯文·温德尔. 1997. 大众传播模式论. 祝建华，武伟译. 上海：上海译文出版社：25

上述四种模式仅是大众传播模式早期的基本模式，除了拉斯韦尔、香农、韦弗、乔治·格伯纳（George Gerbner）等这些大名鼎鼎的学者提出的基本模式之外，麦奎尔和温德尔在《大众传播模式论》中总结了近 30 种模式。不管是最初的模式，还是后来基于多种因素对元模式进行修正后的模式，所有的模式都遵循一个基本原则，即最普遍意义的传播是由以下几个因素构成的：发送者、传递渠道、讯息、接收者、发送者与接收者之间的关系、效果、传播发生的场合以及讯息涉及的一系列事件。换言之，这意味着把信息传播置于“发送—接收”的线性过程，使得相应的大众传播模式具有鲜明的顺序性和连续性。

二、新媒体舆情演化的模式

新媒体舆情演化模式就是指新媒体时代信息传播的模式。新媒体舆情与传统媒体时代的舆情传播结构和信息流动都有很大不同。按照克劳斯·施瓦布

（Klaus Schwab）所言，我们目前正处于第四次工业革命[①]的开端。第四次工业革命是在数字革命的基础上发展起来的，其特点是：同过去相比，互联网变得无处不在，移动性大幅提高；传感器体积变得更小、性能更强大、成本也更低；与此同时，人工智能和机器学习也开始崭露锋芒。在第四次工业革命的影响领域，最重大的影响之一就是赋权：政府如何与公民互动；企业如何与雇员、股东和客户互动；超级大国如何与小国互动。因此，随着第四次工业革命颠覆现有的政治、经济和社会模式，被赋权者必须认识到，他们属于一个分散的权力系统，需要在相互交往中加强协作。

（一）新媒体舆情信息传播的两大特征

1. 关系化传播

大众传播学以传播过程中所包含的要素为主要研究对象，建立这些要素间的关系，并揭示关系背后的作用机制，以此加强我们对传播过程和传播现象的了解。早期传播学者对传播模式的勾勒，揭示了传播过程中所包含的要素，既为要素间关系的建立和研究问题的展开提供了基础，也为传播学研究范围和边界的划定提供了参考。这个范围和边界回答的问题是，传播学作为社会科学到底研究些什么。以拉斯韦尔的5W模式为例，5W作为传播过程的要素，各自表明了不同的具体研究领域。由此可以勾勒出的传播学研究范围至少包括传播者研究（Who）、内容分析（Says What）、媒体控制研究（In Which Channel）、受众研究（To Whom）和效果研究（With What Effect）。对传统媒体传播效果的研究来说，受众规模、开机率、平均暴露频次、媒介接触等方面的量化信息是必不可少的。比如研究电视媒体的传播效果，如果今天我们所关注的依然停留在节目内容，以及受众的年龄、性别、地域、职业、收入等信息上，已经远远不够了。我们还要追问受众看完节目之后又去了哪些网站，是否搜索了节目中提到的某一话题，是否购买了节目中涉及的某一物品，是否在社交媒体上分享交流了相关话题，他们的朋友圈、兴趣爱好、品味和价值观又如何。新媒体环境下的传播研究不单单是根据线性模式分析静态环节，而是关注扩

① 施瓦布认为，第四次工业革命始于21世纪初，而前三次工业革命分别是：第一次工业革命，大约从1760年延续到1840年，是以铁路建设和蒸汽机的发明为代表的机械生产时代；第二次工业革命，始于19世纪末、延续至20世纪初，是以电力和生产线为代表的规模化生产时代；第三次工业革命，始于20世纪60年代，是以半导体技术、计算机和互联网为代表的数字化生产时代。

散路径、社会关系等多重维度。帕洛阿尔托学派的奠基者格雷戈里·贝特森（Gregory Bateson）就将传播分为内容和关系两个层面，两者是传播的一体两面，不可割裂。然而，在媒介发展的不同时期，传播行为存在“偏向内容”还是“偏向关系”的重心差别。在传统媒体及互联网 Web1.0 时代，专业化媒介机构通过大规模的内容生产和传播，为公众和社会设置议程，影响和引导社会舆论的传播和走向。大众作为孤立而分散的“原子”，其信息生产和传播能力处于劣势，难以形成规模有序的传播声势。到了 Web2.0 时代，数字化技术赋权之后，大众皆可成为信息生产和传播的主体，更为关键的是，他们不再是孤立而分散的“原子”，而是相互连接的传播节点，他们共同组成错综复杂的关系网络，并以自己的个人空间为核心，以社会关系为路径进行内容的双向交换。特别是到了社交媒体时代，公众更加依赖基于线上线下社会关系进行的信息生产和交换，“关系化”成为当前舆情信息传播的核心特征。

2. 情感化传播

人类传播经历了口语传播、文字传播、印刷传播、电子传播四个历史进程，目前正在经历数字传播时代。不管在哪个时代，传播行为本身都会掺杂个人情感，只要有人的参与，就不存在完全绝对客观的信息传播。在古罗马时代，书籍和新闻、传言一样，通过人们在社交关系网内互相分享而得以传播，书籍的流传靠读者互相推荐、彼此传抄。书籍一旦进入流通过程被传抄，就意味着作者失去了对作品的控制。书籍流通如此，其他事件的信息传播同样如此，人们可以为事件“添枝加叶”甚至重塑，这也是谣言产生的根本动因。在当前社会化媒体时代，传播的情感化特征十分明显，这同时是关系化特征的自然延伸，人们在事件传播过程中多少都会加入自己的观点和态度继续进行传播，而关系网络的传播路径又影响了与个体相关的其他个体或群体。值得注意的是，情感化并不等于情绪化，情感化传播既可以是正向传播，也可以是负向传播，但是情绪化传播在涉及社会民生、道德风俗、突发事件等负面舆情事件中较为常见。鉴于网络新媒体本身的虚拟性、匿名性，互联网已经成为人们自我表达和积极参与事件讨论、表达情绪的重要平台，情绪识别和情感计算也成为学界研究网民行为的新型切入口，新媒体事件中常见的反转情况很多情况下都是网民带有强烈情感的社会化传播。

（二）几种常见模式

从不同的视角来看，新媒体舆情的演化模式呈现出不同的特点。以下是新媒体舆情演化常见的几种模式，部分内容结合图论（graph theory）用节点（node）和连接（link）构建的基本模型来辅助展示网络与新媒体空间中的信息传播情况，力求寻找复杂网络中的共性和规律。

1. 按照宏观趋势划分

如果按照舆情演化整体趋势来划分，新媒体舆情演化模式可主要分为倒U形和S形两种。

1）倒U形演化模式

倒U形演化模式类新媒体舆情短时间内话题性高，但延展性不足。比如某个商业活动或营销事件引发的舆情，借助社交媒体的裂变效果，会很快引发网民关注，但是随着该事件重点的转移，网民也不再过多关注。

2）S形演化模式

S形演化模式的新媒体舆情的演化趋势基本都遵循一条S形曲线。在当前网络与新媒体语境下，线性演化模式较为少见，在纷繁复杂的信息扩散过程中，也很难说一个信息可以剥离开其他因素完全按照"A到B到C到D"的单一过程进行传播。由于互联网的记忆机制，很多热点舆情并不会随着网民的一度沉寂而消失不见，而是被暂时搁置，一旦与之相关的话题出现或者新鲜信息加入等因素成为导火索，该事件会一而再再而三地被网民掀起波澜，从而处于一个开放过程。因此，从这个角度来讲，对于舆情中的客体组织而言，不管是政府、企事业单位，还是其他公共机构，舆情管理都是一项长期工程。

2. 按照微观关系划分

如果从相对微观的信息接触网络来看，新媒体舆情演化模式则可分为聚合型、单向扩散型、裂变型和交互型等四种模式。

1）聚合型模式

聚合型模式又可称为"爆料-围观"模式，通常是指具有强势影响力的个体网民通过开放式的社交平台持续爆料，进而引发其他网民围观，网民通过关注、点赞和评论的方式表达自己的态度和观点，也有其他网民就原文补充相关信息。聚合型模式舆情融合多种传播方式与路径，既包括信息的聚合，也包括具有基本相同观点网民的聚合。整体而言，聚合型模式的舆情持续时间较短，传播过程中没有明显的强势节点，信息转发层级少、深度浅，舆情高潮出现时间早，但是信息本身的时新性、新颖性或其他因素导致网民很快对该事件失去关注热情。

2）单向扩散型模式

埃弗雷特 • M. 罗杰斯（Everett M. Rogers）认为扩散是“创新通过一段时间，经由特定的渠道，在某一社会团体的成员中传播的过程”，其实质是“个人通过信息交换将一个新方法传播给一个或多个他人”[①]。罗杰斯的创新扩散模型认为创新扩散的过程类似于一条 S 形曲线，强调一个新的观念或事物在经历早期的少数人使用的积累后在某一节点爆发式增长后逐渐衰减的扩散过程。在技术、创新等诸多扩散模式中，信息的扩散是成本最低且扩散速度最快的一种，新媒体舆情的单向扩散反映的是元传播节点发布信息后，网络空间中其他节点对该信息的接触情况。很多研究者借鉴 SIR、SEIR[②]等传染病动力学模型来讨论新媒体舆情信息的扩散和演化规律。传染病在人群中的扩散主要是通过微观层面的个体接触而实现的，但这些传统的扩散模型通常建立在均匀混合基础之上，即一般假定个体之间具有完全相同的接触率和传染性，没有考虑个体构成的复杂社会网络的拓扑结构以及个体异质性等因素对传播过程的影响[③]，而这正是恰切描述社交网络时代的小世界网络和无标度网络的独特性所在。

新媒体舆情信息的传播与扩散并不是“S 到 I 到 R”或者“S 到 E 到 I 到 R”的单一线性传播，它往往是一个话题衍生出另外一个话题，一个事件牵涉出另外一个事件，这种话题或事件的综合体的信息交错中，网民个体可以主动参与到整个演化过程中。S 发布的信息被现实中的好友 E 看到，也可能被素未谋面的陌生人 I 看到，作为舆情事件的边缘个体 R 也可能会直接看到，因此基于微观个体的单向扩散型模式注重考察新媒体舆情信息的元传播者、扩散规模、网络平均度、舆情发生场域等要素。

---

① 埃弗雷特 • M. 罗杰斯. 2002. 创新的扩散. 辛欣译. 北京：中央编译出版社：5-16.

② SIR 模型是 Kermack 和 Mckendrick 于 1927 年用动力学的方法建立的传染病模型，它将总人口分为以下三类：易感的（susceptible）、有传染的（infective）、康复的（recovered）。直至今日，SIR 模型仍被广泛使用并不断拓展。在 SEIR 模型中，特定区域内的人群被划分为易感的（susceptible）、显露的（exposed）、有传染的（infective）和移出的（removed）四种类型。

③ 张伟. 2018. 基于近邻响应的 SEIR 网络舆情信息扩散模型研究. 信息资源管理学报，（4）：67-77.

3）裂变型模式

裂变型模式通常是指在信源发布信息之后，有众多个体节点参与信息的传播扩散，信息总量呈指数级增长，传播深度较高，影响面较大，扩散速度快，比较容易诱发大规模的舆情事件。相较于单向扩散型模式，裂变型模式更加关注个体节点在社交网络中的信息传播速度和数量，某一信息刷屏是新媒体舆情裂变型模式的典型证明，通常来说，支配舆情事件裂变型传播的心理机制有冲动、共情、道德感、好奇心等。新媒体舆情的裂变型模式凸显了信息传播很强的网络性特征，并且是一个开放式结构，能够无限延伸。

4）交互型模式

交互型新媒体舆情演化模式是指舆情事件的元节点的信息发布后，整个传播过程理论上进入了“处处是中心，无处是边缘”的状态。次级节点将接收到的信息进行关注、评论、转发之后，进一步影响下一级节点网民的态度和观点。在此过程中，次级节点成为下一级节点的元节点，并且每一次传递之后元节点都会收到下一级节点行为的反馈，形成相互调节、相互影响的过程。在现实生活中，处于交互型模式中的舆情激发的舆情热度最高，也最容易引发大规模舆情事件。

（三）突发事件的新媒体舆情分类及演化

突发事件有不同的分类标准，认识不同类别下的突发事件舆情有助于我们更有针对性地分析其演化模式和规律。目前对突发事件的分类主要包括以下几种。第一，中国官方根据突发公共事件的发生过程、性质和机理，将其主要分为四类：自然灾害，主要包括水旱灾害、气象灾害等；事故灾难，主要包括工矿商贸等各类安全事故；公共卫生事件，主要包括传染病疫情等；社会安全事件，主要包括恐怖袭击事件等。各类突发公共事件按照其性质、严重程度、可控性和影响范围等因素，一般分为四级：Ⅰ级（特别重大）、Ⅱ级（重大）、Ⅲ级（较大）和Ⅳ级（一般）。[①]第二，美国学者伊利诺伊大学刑事司法教授戈登·马斯纳（Gordon Massner）的三分法将突发事件按照不同的诱因分为三类，即自然灾害造成的突发事件、工业技术原因造成的突发事件、社会与政治原因引起的突发事件。第三，托马斯·伯克兰（Thomas Birkland）的焦点事件分类法将突发事件分为常规型事件和新型事件。其中常规型事件主要是指

① 新华社. 2006. 国家突发公共事件总体应急预案. http://www.gov.cn/yjgl/2006-01/08/content_21048.htm [2020-9-28].

自然灾害，新型事件则是指以往没有发生过的事件。第四，根据突发事件的本质特性和约束条件，将突发事件分成四类：非突发事件、常规突发事件、亚（准）非常规突发事件和非常规突发事件。第五，按照事件发生的内在机理，可分为瞬发型突发事件和累积型突发事件。

各类突发事件的舆情传播信源发布主要有三种主体，即官方媒体、机构媒体、网民，具体平台则包括传统媒体平台、官方网站和党政新媒体平台、商业门户、网站社交平台等。新媒体时代，没有任何一起称为热点舆情的事件能够脱离各大社交平台，特别是微博、微信、论坛、贴吧等的参与，传统媒体与新媒体相互交织共同推动舆情事件的发展发酵。例如，上海假奶粉事件的舆情传播由《检察日报》新闻曝光开始，而后在各大新媒体平台进行广泛扩散；“8·12天津滨海新区爆炸事故”舆情传播从微博爆料开始，随后受到主流媒体的关注和集中报道。在舆情事件演化过程中，意见领袖的意见表达和信息“引流”非常重要，既有文献研究大多关注粉丝量众多的大V，但在网络社群不断细分的背景下，在各自垂直领域具有话语引导力强、专业性强、粉丝同质性高等显著特征的中V甚至小V都在舆情演化中扮演重要角色。此外，对很多突发事件来说，特别是矛盾尖锐、问题性质复杂以及影响较大的事件，官方的权威回应和信息发布对舆情动向至关重要，应对得当会让舆情逐渐消退、平息，反之会让舆情继续发酵，刺激舆情的下一个生命周期的开始。

第二节　新媒体舆情的形成机制

任何一起受到广泛关注的新媒体舆情事件都是现实社会的具体现象或问题在网络空间的映射，即便是谣言或恶意营销等不良行为，也是因为传播者抓住了公众对此类事件的某一种情感、代入感、道德感或好奇心。但是大部分能够引发全网关注的某一舆情信息的扩散存在一个共同特点，就是能够激发某一群体的同理心。比如“雷洋案”引发的对中产阶级焦虑感的网络讨论；“红黄蓝幼儿园虐童事件”引发了对幼儿安全和不法侵害的集体关注；网民在“罗一笑事件”反转环节掀起的愤怒狂澜是“郭美美事件”留给慈善事业的后遗症；等等。这样的案例不胜枚举。此外，随着网络社交媒体平台的快速发展，新媒体舆情的形成机制出现一些新的特点：传统的贴吧、论坛等愈加分化，讨论话题的圈子更趋封闭、内容更趋垂直化；微博、微信、微视频等成为热点事件持续发酵的主要平台，但是微博面临着大V沉寂和用户“转场”的不乐观前景，而微信则面临着被指责具有关系链封闭问题的现状；以知乎、豆瓣、果壳为代表的高黏性的专业类社区论坛成为部分热点舆情的始发节点，同时也通过辟谣等措施发挥着平息舆情的作用，从而也成了舆情的终结节点。这些专业类社区论坛由兴趣接近的人聚在一起组成，其讨论方式是圈子式的，比微博上人声鼎沸的广场式讨论方式更加理性，在一定程度上也会放大群体的声音；随着快手、抖音等为代表的短视频平台的崛起，视频信息传播使新媒体舆情发酵时间更短、传播更快，人们更倾向于将自我判断建立在这种更加直接和具有视觉刺激的感性认识上。就新媒体舆情形成来说，具体的内在机制主要包括但不仅限于以下几种。

一、利益交织

很多新媒体舆情事件都会牵涉组织、个体、群体等多重利益，在利益交织催生热点舆情爆发的事件中，有直接的利益相关者、间接的利益相关者，也有最典型的“吃瓜群众”，然而这些“吃瓜群众”也并非与舆情中的主导性事件毫无关联，是在一定的触动机制作用下的结果。比如，基于利益交织的“邻避事件”，由此产生的新媒体舆情是理性经济人和非理性社会人互相斗争的结果，公众对化工、垃圾处理等项目建设产生的“不要建在我家后院”（Not in My Back Yard）的心理应属于人之常情，但这种心理一旦受到扭曲不实等信息的影响后，对经济社会的发展、项目所在地的发展机会和社区成员共享成果的可能性都有极大的阻碍。导致“邻避效应”产生的心理和认知因素包括：信任机制缺失；科学及相关知识匮乏；“理性人”的自我计算；误导歪曲性信息的冲击；情绪化舆论的影响；等等。

新媒体舆情中的利益交织涉及的关系复杂，需要政府、企业和网民三者的良性互动，不能采取“一刀切”的粗暴做法。从政府方面来说，应该及时出台相关的政策法规，以法治思维确定利益范围，明确奖惩机制；从企业方面来说，应该坚持信息透明化，向公众和社会提供真实准确的信息；对于网民来说，加强信息搜集和分析能力，不盲从、不跟随，从理性和科学的角度认识事物。

二、商业营销

在很多新媒体热点舆情中人们经常会看到自媒体营销号的身影，特别是微博营销号和微信营销号，这些平台上有的自媒体营销号会专门从事“蹭热点、赚流量”的业务，既可以提前策划、生产热点话题，主动组织发起一个热点话题，又可以利用社会其他热点话题进行持续炒作，从而实现某种商业目的。自媒体营销号的参与对新媒体舆情的影响之一就是可以助推舆情事件的热度。就目前来看，这些营销号热衷于在有一定冲突性和争议性的事件中，有选择地突出和放大部分事实和观点，将具体个案导向城乡差距、阶层固化、干群冲突、道德沦丧等体制机制和社会风气议题，利用网络围观形成的海量注意力资源达到盈利的目的。在此意义上，自媒体营销号经常扮演着“带偏”舆情节奏的角色，不利于舆情各个参与利益相关方的良性互动。国家互联网信息办公室2017年5月2日公布的《互联网新闻信息服务管理规定》中明确了互联网新闻信息服务的许可、运行、监督检查、法律责任等，并将应用程序、论坛、博客、微博客、公众账号、即时通信工具、网络直播等各类网络自媒体纳入管理范畴。这意味着各大自媒体对新闻信息的发布、转载和传播都进入了法治视野，任何罔顾相关法律法规的行为都可能面临惩罚。该规定提出，互联网信息要“坚持正确舆论导向，发挥舆论监督作用，促进形成积极健康、向上向善的网络文化”[①]，根据这一文件精神，部分恶意商业营销主体在互联网新闻中蹭热点催生娱乐化、低俗化、恶搞化现象等问题将面临纠偏。

三、热度叠加

新媒体舆情形成机制中的热度叠加主要是指围绕同一事件曝出不同的热点议题，进而强化该事件在网民中的关注度。舆情“罗生门”现象是舆情衍生的重要表现，面对同一原发舆情事件，相关利益方各执一词，不断推动事件的发酵。很多舆情事件性质各有不同，但是有一个共同点，就是网民对事件的持续关注和追问。有不少研究者[②]都对新媒体热度叠加机制从不同的角度进行了

① 国家互联网信息办公室. 2017. 互联网新闻信息服务管理规定. http://www.cac.gov.cn/2017-05/02/c_1120902760.htm[2020-3-14].

② 关于舆情衍生方面的更多文献研究，可延伸阅读以下几篇文献：

王国华，方付建. 2012. 突发舆情危机事件衍生效应研究. 天津社会科学，（1）：70-72.

方付建，肖林，王国华. 2011. 网络舆情热点事件“系列化呈现”问题研究. 情报杂志，（2）：1-5.

谢科范，赵湜，陈刚，等. 2010. 网络舆情突发事件的生命周期原理及集群决策研究. 武汉理工大学学报（社会科学版），（4）：482-486.

刘雪梅. 2011. 对网络空间舆情共振现象研究框架的思考. 新闻与传播研究，（24）：32-33.

薛深. 2011. “官二代”标签化现象的缘起及其回应. 中国青年研究，（7）：14-17，8.

廖瑞丹. 2017. 基于随机共振模型的网络舆情共振现象研究. 南京理工大学硕士学位论文.

探讨。主导性舆情事件会演化出变体事件或者发生舆情变异，产生类事件、类问题、类现象、类概念、类诉求，在一段时间内“系列化呈现”同一类议题的舆情事件，从而改变零散化信息分布的状态。从网络自媒体的碎片化传播特点来看，网络舆情的热度叠加能使议题序列化、集中化呈现，不断衍生新的热点，从而延长事件的兴奋周期。在不少舆情事件中，还出现一种连环事件，一个事件牵涉出一串与之相关的事件，特别是原生舆情升温后更容易触发新的舆情热点事件的产生。除此之外，舆情共振关注多事件在不同轨迹上的发展过程中产生关联的机制，“同题复制”现象时有发生。从网民角度来看，个体往往会因某些涉事主体、主导议题等存在一定相似性而导致情绪的互相感染，当相同或相似的情绪在网络与新媒体空间大量累积后，便会发生舆情共振现象。例如，全国多地突然集中曝光大量幼儿园虐童事件。据不完全统计，2017 年，全国先后共爆出 20 余起幼儿园虐童事件，引发国民哗然。

舆情事件的同题关联有双重效果。从正面效果来看，新媒体舆情的集中爆发会引起全网网民的广泛关注，可以就某类议题进行多维、全面、深入的交流和讨论。例如，当社交筹款平台先后爆发舆情后，网民讨论的核心议题逐渐从单纯的愤怒转移到了慈善平台审核机制、监管机制、法规政策等建设性议题。但从负面效果来看，新媒体舆情的集中爆发一是容易引发片面跟风效应，比如一定时间段内集中爆发的医院暴力事件，难免会激发正处于医患矛盾关系中的当事人作出不当行为；二是容易引发社会恐慌和焦虑情绪，加深反向认知。

四、道德焦虑

当代中国人的精神生活是伴随着现代化过程而演变的，传统社会向现代社会发展的过程，伴随的是社会结构和利益关系的深层次调整。传统社会需要一系列观念来为陌生的、强大的甚至可怕的自然现象提供解释，为万物共存但又捉摸不定的世界赋予意义。在论证这些观念本身的正当性的现代方法和社会需求出现以前，这些观念的“有效性”（validity）问题被归结为它们的“起源”（genesis）问题。就外部环境而言，文艺复兴、宗教改革和启蒙运动这些肇始于欧洲的思潮、运动的全球性传播，也影响到包括中国在内的大多数国家和地区的人们的精神世界；就内部环境而言，整个社会的“现代化改造”指涉人们需要从精神到生活世界等诸多方面进行的调整。过去很多所谓的铁律受到质疑，当一切烟消云散而新的模式尚未建立时，普遍的精神焦虑便产生了。2018

年，由国家卫生健康委员会及科学技术部资助立项的“中国精神障碍疾病负担及卫生服务利用研究”项目的成果之一被发表在权威医学期刊《柳叶刀-精神病学》上。这项研究调查涉及全国31个省（自治区、直辖市）的157个县区，抽取了38 593户家庭，最终32 552人完成了此项调查，其中显示焦虑症是当前中国人心境障碍、焦虑障碍等七类精神障碍中患病率最高的一种类型。当焦虑渗透到道德领域中时，人们就会体会到道德焦虑的困扰。道德焦虑作为一个正式的概念是由西格蒙德·弗洛伊德（Sigmund Freud）提出的，它是主体根据良心对变化剧烈的外部道德环境或其自身不圆满的道德现状进行省察和判断时所形成的担忧、不安、畏惧等复杂情绪[①]，这种焦虑情绪很容易被某一事件“引爆”，从而触发低燃点、高频点的新媒体舆情事件的形成机制。基于情绪的社会功能框架认为，不同的情绪彰显了不同社会道德关注点的重要性，不同的社会道德关注点也注定了随后的道德判断中特定的情绪色彩。韩承熙（Seunghee Han）、詹妮弗·S.勒纳（Jennifer S. Lerner）和达彻·凯尔特纳（Dacher Keltner）等认为，任何一种特定的情绪都对应一种道德关注点（核心评价），并把这种对应关系称为评价倾向。不同情绪的核心评价大致可以分为三类，分别是：厌恶、愤怒、蔑视——纯洁性、公平性、社区性；同情、崇高、感激——他人需求、他人品德、互惠行为；自豪、内疚、羞耻——社会地位、自我侵犯、自我性格缺陷。这些评价倾向都说明了不同情绪与特定领域的道德判断之间的关联。[②]例如老人摔倒该不该扶的问题，大学生该不该舍身救溺水者的问题，教师学术观点偏激该不该举报的问题，诸如此类的热点舆情往往跳脱出事件本身，上升到道德高度不断发酵。2019年6月，电子科技大学一位副教授在课程QQ群里与学生辩论时所说的“四大发明在世界上都不领先”“中国古代没有实质上的创新”等言论被学生在知乎网站上截图举报，学校查证后发表声明，认为该教师言行失犯、有违师德，“造成了比较恶劣的社会影响”，并作出了取消其评奖评优、职务晋升、职称评定的资格，同时取消其研究生招生资格，为期两年等处罚。[③]该事件也引发了对学生道德问题的网络讨论，“挖

① 刘玉梅. 2010. 道德焦虑论. 中南大学博士学位论文.

② Han, S., Lerner, J. S. & Keltner, D. 2007. Feelings and consumer decision making: The appraisal-tendency framework. *Journal of Consumer Psychology*, 17: 158-168.

③ 半书房. 2019. 电子科大教师称“四大发明在世界上都不领先”遭停课两年冤吗？https://m.sohu.com/a/336076168_693352 [2020-9-29].

坑”“设套”“蓄意报复”成为舆情发酵中对学生道德讨论的热词。人民日报海外版公众号侠客岛刊文认为如果学生持有挟私报复的心理将与老师聊天记录公之于众，恐怕不是师德有亏，而是要叹一句学生“太过聪明”，网民对教师群体是否已经成为“高危人群”的讨论激起了戏谑但沉重的担忧、焦虑情绪，而这样的道德焦虑感也将是未来很多新媒体舆情事件形成的重要内在机制。

五、情感动员

某种情况下，新媒体舆情事件会演化为群体性事件，两者互相促发。除此之外，“网络事件的发生，是一个情感动员的过程，而传统社会运动理论中的资源动员和政治过程的理论范式，并不能充分揭示网络事件的动因和意义”[①]。在“后真相”的新媒体语境下，情感动员成为舆情事件演化的重要推动力。

2016 年，《牛津英语词典》将“后真相”（post-truth）作为年度词汇收录其中。它是指这样一种情况：“诉诸情感及个人信念，较陈述客观事实更能影响舆论的情况。”（circumstances in which objective facts are less influential in shaping public opinion than appeals to emotion and personal belief）换言之，在当下新媒体事件的信息传播及扩散过程中，真相有时变得不重要了，重要的是情绪和价值观，这也是我们的社交媒体上经常出现被热烈讨论的现象级话题会出现 180 度大转弯的原因。2017 年 8 月，很多人的微信朋友圈被腾讯公益和 WABC 无障碍艺途合作推出的“小朋友画廊”H5 捐款活动刷屏，人们只要付出一元钱就等于资助了患有自闭症、脑瘫、唐氏综合征等精智障碍的特殊人群，在活动进行几小时内就筹到 1500 万元捐款[②]。但此事很快遭到质疑，人们纷纷追问捐款去向和真实目的，即便腾讯做了回应，但是质疑声音仍然不减，“社交＋公益”的组合形式让人们体会到了情绪和价值观的强大力量。

---

① 杨国斌. 2011. 悲情与戏谑：网络事件中的情感动员//邱林川，陈韬文. 新媒体事件研究. 北京：中国人民大学出版社：40-65.

② 杨光. 2017. “小朋友画廊”朋友圈刷屏 组织者回应五大焦点问题. http://media.people.com.cn/n1/2017/0830/c40606-29502771.html [2021-1-8].

第三节 新媒体舆情演化中的四大效应[①]

根据前文对新媒体舆情演化的模式可知，新型的舆情形成机制完全颠覆了传统的线性模式，呈现出非线性、不规则的模式特点。国内外不少研究就新的媒介环境下的信息传播模式进行了讨论，发现新媒体舆情演化过程主要有四大效应。

一、蚂蚁效应

蚂蚁不仅仅是团队合作的典型代表之一，其信息传播的特点也非常契合新媒体时代的信息传播。人类社会或许正在经历着一场隐匿着“蚂蚁效应”的媒介变革。“蚂蚁效应”具体表现为两个方面：表层特征表现为重信息，轻信源，无把关，真假难辨；内在机理表现为看似无序，但隐匿着稳定结构，是互动行为的直接原因。生物学家发现，当外出觅食的蚂蚁发现食物后，会利用化学分子传递信息的沟通方式——释放“信息素”，告知其他蚂蚁食物的方向和位置，而蚁群中的蚂蚁收到信息后，按照信息素包含的定位前去觅食，但是很重要的一点是几乎所有蚂蚁都不会过于关注究竟是哪一只蚂蚁发出的信息。这种“重视信息、忽略信源”的做法在新媒体舆情演化中会带来“轻视把关、真假难辨”的后果。在网络空间中，很多谣言和假新闻的产生正是由于很多网民跳过了对信息本身可信度检验的环节而直接选择相信。2019 年 4 月，山西警方公布了几起关于网络谣言的典型案例，其中第一起就是在临汾本地微信朋友圈中传播的一段关于“外地人来吉县偷小孩”的视频谣言信息。[②]经过公安机关调查发现，最初的信息发布者张某仅仅是在自己经营的店铺门前看到有几个外地人经过，在未经证实的情况下，就将所拍摄的视频转发到朋友圈，并想象了“外地人偷小孩”的情节。这则信息经过个人朋友圈的不断扩散，引起大量网民关注，特别是激发了很多当地公众的恐慌情绪，造成了恶劣的社会影响。

其实网民之间的自发互动和聚集行为与蚂蚁的群体行为有着很多相似之处。首先，新媒体舆情演化中的信息传播是一种群体传播，网民参与的都是非

---

① 除此之外，新媒体舆情研究中的效应还包括晕轮效应、羊群效应、破窗效应、雪球效应、极化效应、首因效应、共情效应等。

② 黄河吕梁频道. 2019. 山西警方公布 5 起“网络谣言”违法犯罪典型案例. https://baijiahao.baidu.com/s?id=1632196908432752196&wfr=spider&for=pc [2020-9-29].

组织群体内个体与个体之间自发的、非制度化的传播活动。这种活动最突出的特点是群体传播中的个体是自发集聚，很大程度上是基于兴趣爱好而非基于亲缘关系，一般情况下，网民彼此之间并不熟识，当某一信息产生之后，其传播路径也无法准确预测。其次，蚁群具有严格的组织架构和身份属性，它们生存在一个相互依赖的组织系统中，个体之间有过无数次互动。正是这种相互依赖和互动让它们形成一种有组织的力量，蚁群行动看似无序，但隐匿着“稳定结构”，这是互动行为的客观表征。在新媒体平台的众声喧哗中其实也隐匿着“稳定结构”，参与信息传播扩散的个体会主动判断这种传播行为是否符合自身价值观、是否有利于自身利益，或者仅仅希望通过关注与参与完成自我身份的群体归属，在线上或线下的“圈子”中获取某种资本。因此，新媒体舆情演化中的“蚂蚁效应”会带来双重后果：一方面，网络群体传播天然具有一定的盲目性，只要议题足够使人产生兴趣，那么就具备了可传播的先天条件，借助于“病毒式”扩散模式，也会裹挟其他网民予以关注和参与，无关乎信源真假的信息传播带来了后真相、假新闻、舆情反转等或新或旧的研究议题；另一方面，从积极的角度来看，被某种特定价值观或权益支撑起来的相对稳定的结构成为个体积极参与传播行为的动力，也为原本混沌的群体搭建了一条隐性的秩序链。

二、蝴蝶效应

“蝴蝶效应”与美国气象学家爱德华·诺顿·洛伦茨（Edward Norton Lorenz）1963 年发表的一篇论文密切相关。洛伦茨在运行他的天气模型时，发现初始条件的一个非常小的变化产生了明显不同的结果。人们通常所熟知的“在巴西的一只蝴蝶拍打翅膀会引发美国得克萨斯州的一场龙卷风”[①]的说法来源于洛伦茨在 1972 年 12 月于华盛顿举行的美国科学促进会第 139 次会议上所发表讲话的题目。作为一种混沌现象，“蝴蝶效应”是指在一个动力系统中，初始条件下微小的变动能带动整个系统长期、巨大的连锁反应，有时会导致不可预料的事情发生。也就是说，看似与初始条件风马牛不相及的事件发生结果实际上非常依赖初始条件，初始条件的极小偏差，都将会引起结果的极大差异，这也是非线性系统在一定条件下出现混沌现象的直接原因。其实，“蝴蝶效应”在中国古文献中也早有写照，例如，《吕氏春秋·先识览·察微》就讲述了两

---

① Lorenz, E. 1972. Predicbility: Does the flap of a butterfly's wings in Brazil set off a tornado in Texas. http://gymportalen.dk/sites/lru.dk/files/lru/132_kap6_lorenz_artikel_the_butterfly_effect.pdf [2020-3-21].

个女孩因采桑叶嬉戏时误伤而引发的吴楚两国之间战争的故事，这种强调事物之间关联性的描述与“蝴蝶效应”具有内涵的相通性。但是“蝴蝶效应”更强调在一个动力系统中某一过程的发展与变化，特别是强调在事物发展中初始条件对发展结果影响的不确定性和巨大影响力，因此更适合分析新媒体舆情的发展变化规律。通常情况下，很多热点舆情事件产生“蝴蝶效应”的原因有两个。其一是舆情事件演化过程中的信息不透明。在广大网民集中关注的时间段内，官方或者权威声音的缺位将会导致片面的信息被放大、扭曲，从而导致舆情危机。轻者导致网民讨论短时急剧增加，重者则直接扰乱社会正常秩序，损害官方公信力甚至国家形象。其二，不当言行可以促使舆情事件产生“蝴蝶效应”。2019 年 2 月，演员翟某因在直播中回答网友提问时回应不知知网为何物而掀起了教育部对全国高校博硕士论文大抽检的行动。[①]除此之外，翟某的博士生导师、博士期间就读过的北京电影学院、即将可能就读的北京大学等相关方都受到波及。在该舆情多次发酵过程中，学术不端、人设崩塌成为关键词，这应该是翟某在直播时从未料想到的严重后果。从正面的角度看，该事件让更多高校毕业生端正了学术态度，更加严肃纯粹地对待学历。教育部公布的 2019 年工作要点指出，在高等教育方面将强化对学术不端行为的监督查处，2 月 27 日公开发文要求加强研究生考试招生及培养管理工作，“加大对学术不端、学术论文作假行为的查处力度，露头即查、一查到底、有责必究、绝不姑息，实现‘零容忍’”[②]。新媒体舆情事件“蝴蝶效应”的产生借助当前网络信息传播平台的天然特性，更容易使一些不当言行得到更大曝光量，同时使以往可能被忽视的细节得以放大。当网络热点涉及贫富差距、征地拆迁、劳资矛盾、贪污腐败、食品安全等领域时，时常会引发类似的舆情演化效果。

“蝴蝶效应”给我们的警示是，在网络与新媒体空间，任何一个很小的事件都可能引发一连串的舆情反应，或者是跟看似不相干的事件某一个细微环节联系在一起都可能形成重大的社会舆情。研究和分析社会舆情时应当运用系统性、关联性、辩证性思维，更需要关注究竟是哪一类“蝴蝶”容易引发一场“网络风暴”，重视考虑舆情爆发的复杂性和突变性，时刻关注社会负面舆情最初

---

① 徐明强. 2019-2-28. 规则悬浮引发学术标签化——对“翟天临学术不端事件”的反思. 民主与法制时报，6.

② 教育部. 2019. 教育部发文要求进一步规范和加强研究生考试招生及培养管理工作. http://www.moe.gov.cn/jyb_xwfb/gzdt_gzdt/s5987/201902/t20190227_371509.html [2020-3-21].

的微小征兆或变化，并及时进行引导和调适。

三、扩音效应

"扩音"原本是一个物理名词，是指当传声器作为音源时，声音作用于传声器产生微弱的音频电信号，经调音台放大、调整、混合后，传送给功率放大器进行功率提升，推动扬声器还原为较大的声音传播空间。若在空间声场中某些频率声压过强，可通过扬声器的直达声和空间的反射声反馈给传声器，则形成了扩音系统声音的正反馈，如此反复循环，整个扩音系统将产生啸叫，进而使扩音系统无法正常工作，这种现象叫作声反馈。在新媒体生态格局中，每一个媒体都是一个传声器，其他媒体节点的转载、评论和转发等行为就是调音的功率放大器，众多媒体对舆情焦点事件不断转载和增量传播的过程就是一个信息递增、音量不断放大的声反馈的过程，呈现出明显的"扩音效应"（amplification effect）。新媒体舆情的形成和扩散一般要经历发酵期、上升期、高潮期、波动期和平息期五个阶段，其传播路径主要是新媒体平台出现线索——网络空间讨论——传统媒体与多方共同关注——涉事方介入——公众关注度降低。当然涉及具体的新媒体舆情时情况要复杂得多，其传播路径也并非遵循这样的线性模式。"扩音效应"的产生通常是舆情事件在网络空间中的信息传播和情绪传播共振的结果，公众探究真相的信息需求和维护社会正义的普遍情绪构成了事件传播和扩散的驱动机制，事件信息质量与隐含的情绪张力决定着事件传播的关键节点的出现、时长、态势等，是决定扩音或消音的重要变量。很多舆情事件中的信息与情绪传播，遇到阻碍则会更进一步放大声音，如果能够及时、恰当地予以引导则很快沉淀，因此舆情演化的发展走向与对后期问题处置的态度、方式、效果等密切相关。

四、标签行动效应

标签行动效应是近年来国内外社交平台上新兴的一种现象，以标签引起话题讨论的新闻事件屡见不鲜。新媒体空间的标签行为可以迅速让网民识别出群体或社区，实际上，对于后期的舆情监测来说也具有快速智能分类的功能，例如微博按照行业属性将微博网友进行划分的做法。标签行动效应往往会引发一种标签行动的后果。相对而言，社交平台上更容易形成一种"标签行动主义"（hashtag activism）。2013 年 7 月，美国佛罗里达州枪杀黑人青年马丁的白人警察被无罪释放，该事件激发了公众的大规模强烈抗议，许多网民在社交平台上以“黑人的命也是命”（#BlackLivesMatter）为话题标签声援受到不公平待遇的黑人青年，“黑人的命也是命”的网络标签行动在社交平台上随之兴起。2014 年接连发生的布朗案和纽约的加纳扼喉致死案使这一运动迅速在全美各地发展起来。杨国斌认为，“标签行动主义”指的是社交媒体中某个带有井号标签符号的话题后面出现大量跟帖和评论的网络现象。这些跟帖和评论可以是申明某一项社会或政治主张的文字、短语或句子，它们在网络空间里相互联系并随着时间的顺序发展，呈现出一种叙事形式和载体。与传统的网络行动主义形式（如电子公告或者新闻小组）相比，网络“标签行动主义”具有独特的叙事特征，它的产生往往伴随着对某个标签话题的大量点赞、评论和转发，在某一公共事件的标签行动中，时常还夹杂大量的个人经历，并且会随着时间的顺序发展，形成一种完整的叙事形式。处于社交网络行动中的标签话题呈现出公共性、创造性、技巧性和多变性的特点①。但是新媒体平台上的标签行动热度能够持续多长时间？就所表达的情绪积极性或消极性而言，标签行动的基调如何随时间推移而发生改变？在多大程度上，网络标签不仅仅是被转发，而是转变成为公众热议或辩论的话题？西蒙•林格伦（Simon Lindgren）②以#MeToo运动为例，对 Twitter 公共数据界面获取的 400 万条推文数据集进行了研究，结果发现：#MeToo 运动在产生初次轰动性影响后便开始失去动力，伴随其中的有垃圾信息、敌对情绪和口号化倾向，该运动也逐渐出现负面和反向表达，这些明显日益减弱了这场运动的影响力。总之，“标签行动主义”时代的行动动员对新媒体舆情事件演化来说是一种全新类型，我们需要从跨平台的视角出发，更为全面地了解标签式的激进主义的运作机制。

---

① Yang, G. B. 2016. Narrative agency in hashtag activism: The case of #BlackLivesMatter. *Media and Communication*, (4): 13-17.

② Lindgren, S. 2019. Movement mobilization in the age of hashtag activism: Examining the challenge of noise, hate, and disengagement in the #MeToo campaign. *Policy and Internet*, 11(4): 418-438.

第五章　新媒体舆情的预警与监测

新媒体舆情实践主要分为新媒体舆情工作流程和舆情治理。前者具体而言包括新媒体舆情预警、舆情监测、舆情研判、舆情报告撰写等，后者主要涵盖舆情回应与引导、依法维护公序良俗、营造清朗网络空间等。不少新媒体舆情研究和分析通常是从关注信源开始，即关注发布者主体是专业媒体机构、官方还是普通的网民个体。聚焦于首发信源意味着对舆情演化S形曲线起点的性质和特点进行关注，但是舆情监测与研究者们不应该仅止步于此，而是要尽可能地关注元信息发布之前的推动力，包括第四章分析的利益交织、商业营销、热度叠加、道德焦虑、情感动员等促发新媒体舆情形成的内在机制，但这仅仅是新媒体舆情预警的一个部分。虽然很多研究将预警的重点放在预防环节，但是信息的持续监测、研判、决策管理和善后总结部分都应该被纳入新媒体舆情预警的视野，换言之，监测与预警应贯穿于新媒体舆情形成的全过程。根据对事件性质、事件类型、发生时间、涉事地域、涉事主体等若干指标的预判，需要将舆情监测重点扩展至“事前—事中—事后”整个演化链，进而形成闭环。新媒体舆情的预警、监测与分析离不开技术的支持，从这个层面来说，聚焦舆情“事前”“事中”的研究已有很多成果，从实际层面来讲，目前更多的技术支持系统集中于前端和中端，例如对新媒体舆情事件的热点主动感知系统开发、主题生成模型构建、数据语义关联挖掘等研究相对充分，但是对舆情发生后的处置和引导仅依靠技术远远不够。

新媒体舆情信息传播过程的一个突出特点就是不确定性，特定情境下各种事件发生的可能性难以预测，这种不确定性使信息汇集、预警和研判的重要性极大凸显。为了适应当前复杂的媒介生态和舆论环境，应该运用现代信息技术手段建立健全新媒体舆情的监测和预警机制，注重基于各大社交媒体、即时通信软件、小程序、软件客户端等的多样化的信息预警模式，构建“监测—

汇集—分析—警报—应对”的新媒体舆情预警系统。笼统来说，新媒体舆情预警和监测主要方法有三种：一是纯人工手段。这种手段依赖于舆情工作者对报纸、电视、杂志等传统媒体和“三微一端”等新媒体不同平台信息传播规律的熟悉程度，舆情工作者通常选取与本机构、本单位或部门密切相关的新闻信息、公众评价。这种方式相对来说费时、费力，人力成本高，一般需要舆情工作者具备较高的信息解读和阐释能力，舆情监测阶段的人工成本相对较低，具有很强的主观性色彩，信息的全面性显然不如第二种。二是技术手段。技术手段的舆情预警和监测主要是指基于互联网大数据采集和挖掘技术、信息智能处理技术，通过对海量信息自动抓取、自动分类聚类、主题检测、自动分析，自动捕获敏感话题，进而满足用户的网络舆情监测和实时话题追踪等的信息需求，并最终形成简报、报告、图表等分析结果，为用户全面掌握舆情发展动态作出正确应对提供分析依据。但如前所述，单纯依靠人工或单纯依靠技术都难以很好地完成舆情服务。三是人机合一手段。舆情服务是一项人机高度合一的工作，没有计算机对大量数据的抓取，动辄百万、千万甚至数以亿计的数据量对人来说在短时间内是难以完成的，就算是纯人工手段的舆情分析，也不得不借助计算机和搜索引擎对信息进行基础的筛选、分类。但是数据采集和智能处理仍然属于“前、中端”环节，如何解读数据，从数据中如何分析网民态度和倾向，如何研判新媒体舆情事件的深层原因和应对措施依然需要人的最终判断。

第一节　新媒体舆情预警

一、新媒体舆情预警的意义

如果说前社交时代的核心命题是舆情监测，那么新媒体社交时代舆情研究的主要命题则是预警。只有做到预警，舆情研究才能真正将理论研究落地到实践中来。一般而言，舆情预警主要是针对负面舆情事件的预警，如果能够在负面事件孕育阶段予以迅速预警、高度重视，并采取恰当的应对方式和措施，就会让负面舆情保持在一定时间和范围内，不至于失控甚至引发大规模群体性事件，产生让舆论倒逼行动的消极后果，进而造成新媒体舆情涉事主体的被动局面。这也是舆情分析师通过舆情预警平息负面舆情的理想效果。如果在负面舆情发酵过程中能够及时预警，则能最大限度地降低损害。

目前对新媒体舆情预警的理论研究偏重于实证和建模研究，并且集中在图书情报领域、商业和经济领域、管理领域和统计领域。这些领域内相应期刊如《图书情报工作》《商业时代》《中国行政管理》《统计与决策》等都是舆情预警研究的前沿阵地。虽然这些领域的研究在一定程度上能够对某些舆情事件进行预警，但是整体而言，新媒体舆情的预警准确度并不是很高，基本上都在 50%以下，连 60%的及格分都很难达到，原始数据指标经过取对数进行数据拟合的话，预测的准确度可以达到 60%以上，但这本身是个概率问题。这意味着当前某些看似“高大上”的舆情监测系统对舆情预警效能的描述是言过其实的。

二、新媒体舆情预警指标

在中国，网络舆情的预警等级有不同划分方法，可以将舆情预警划分为轻警情（Ⅳ级，非常态）、中度警情（Ⅲ级，警示级）、重警情（Ⅱ级，危险级）和特重警情（Ⅰ级，极度危险级）四个等级，并依次采用蓝色（国内网民对该舆情关注度低，传播速度慢，舆情影响局限在较小范围内，没有转化为行为舆论的可能）、黄色（国内网民对该舆情关注度较高，传播速度中等，舆情影响局限在一定范围内，没有转化为行为舆论的可能）、橙色（国内网民对该舆情关注度高，境外媒体开始关注，传播速度快，影响扩散到了很大范围，舆情有转化为行为舆论的可能）和红色（国内网民对该舆情关注度极高，境外媒体高度关注，传播速度非常快，影响扩大到了整个社会，舆情即将转化为行为舆论）来加以表示（这个四分法参考了《国家突发公共事件总体应急预案》中按照性质、严重程度、可控性和影响范围对突发公共事件进行分类的标准）；也可以简单化为重大、较大、一般三个等级。不管是何种划分方法，都需要进行定量的界定，比如如何判定传播速度，每一个舆情预警等级背后都会涉及一些指标。新媒体舆情研究中的仿真实验、建模等实证成果离不开指标体系，在这个方面已经有较多学者从舆情预警指标建构的角度进行了探索（表 5-1），综合既有学术研究和社交媒体环境，本书认为或可建立契合现实语境的新媒体舆情预警指标体系。

表 5-1 若干舆情预警的指标建构汇总

指标体系	一级指标/分析模式	指标特点
网络舆情安全评估指标体系	传播扩散内容关注传播敏感态度倾向	基于传播主题从安全角度对舆情进行分析
“十度”指标体系	热点、重点、焦点、敏点、频点、拐点、难点、疑点、黏点、散点	非分级划分，将舆情内容的核心元素分解
网络舆情风险预警综合指标体系	警源、警兆、警情①	按照舆情动态演化的一般过程，专门针对网络舆情突发事件制定
舆情预警等级指标体系	舆情、舆情传播、舆情受众	分析对网络舆情影响较大、便于测度的关键因素
网络谣言预警等级	网络谣言关注度、网络谣言状态、网络谣言变化度	以 3 个一级指标为维度，聚焦预警网络谣言
移动社交网络舆情预警指标	舆情主题信息、舆情发布者、舆情参与者、舆情扩散度	运用 AHP-模糊综合评价方法对舆情预警等级进行划分
新媒体舆情预警指标	广度、深度、倾向度、衍生度	尽可能分析新媒体舆情传播的关键要素

资料来源：谢海光，陈中润. 2006. 互联网内容及舆情深度分析模式. 中国青年政治学院学报，(3)：95-100；曾润喜，徐晓林. 2009. 网络舆情突发事件预警系统、指标与机制. 情报杂志，（11）：52-54，51；吴绍忠，李淑华. 2008. 互联网络舆情预警机制研究. 中国人民公安大学学报（自然科学版），（3）：38-42；张鹏，李昊青，兰月新，等. 2016. 基于BP神经网络的突发事件网络谣言危机预警. 电子政务，（11）：40-47；王高飞，李明. 2017. 基于 AHP-模糊综合分析的移动社交网络舆情预警模型研究. 现代情报，(1)：41-44，65。

新媒体舆情预警指标的“广度”是指在一定时间内原生舆情在新媒体空间的扩散范围，包括传播扩散的平台、关注的网民及所在的地域等。

新媒体舆情预警指标的“深度”是指在一定时间内网民对原生舆情的转发、跟帖、评论层级，强调对“深度”的分析主要是基于当前新媒体环境的社交传播的裂变性和关系性等的底层逻辑。

新媒体舆情预警指标的“倾向度”是指网民在舆情演化过程中所表达的观点、态度和情感所显示出的倾向，可简单分为正向、中性、负向。

新媒体舆情预警指标的“衍生度”是指舆情是否有可能衍生次生舆情，对“衍生度”的判断需要依赖传播扩散的广度和深度、传播焦点的转移、网民观点和态度、情感的倾向等进行综合判断。

需要明确的是，舆情预警的指标多寡并不重要，重要的是该指标的有效性。有时候指标越多反而抓不到重点，对现实的指导作用也很有限。个别行业的舆

① 警源是产生网络舆情风险的根源；警兆是网络舆情风险在网络空间运行中暴露出的现象；警情是网络风险走向现实社会的外部形态表现。

情预警有时可以用一个指标来实现。比如国外社交媒体监测平台 DataSift 监测脸谱（Facebook）首次公开募股当天 Twitter 上的情感倾向与 Facebook 股价波动的关联案例。在 Facebook 开盘前，Twitter 上的情感逐渐转向负面，25 分钟之后，Facebook 的股价便开始下跌；而当 Twitter 上的情感转向正向时，Facebook 的股价在 8 分钟之后也开始回弹。该机构最终得出结论：Twitter 上每一次情感倾向的转向都会影响 Facebook 股价的波动，因此依靠网民“情感倾向”一个指标也可以指导现实行动。到底新媒体舆情预警指标设置得越多越准确还是越少越有效，目前依然有很多争议，只能说在新媒体舆情演化的复杂态势下，要达到预警的精准性目标依然需要不断探索。

第二节　新媒体舆情监测的方法

新媒体传播平台的多元化使舆情更加难以预测和追踪，因此在监测对象方面，既要全面又要重点突出。一方面，尽可能地扩大覆盖面，主流媒体、门户网站、各大社交平台，普通网民、意见领袖、网络服务运营商等都需要被纳入监测范围之内；另一方面，对舆情演化过程的关键节点（不一定是大 V 式的意见领袖）需要着重监测和分析。新媒体舆情的监测内容是什么？概括来说有两大类，一类是普遍的社会热点、舆论爆点，议题范围不限，任何受到网民关注的事件都可以是监测对象。另一类是客户定制化需求的内容，这类内容主要是不同行业和领域的客户所提出的明确具体的舆情服务，客户群体既包括商业企业单位，也包括政府部门。其实大多数权威舆情软件公司的客户名单上都有一些政府部门，甚至有许多中央部委也会向舆情监测服务机构购买相关监测产品。比如，艾利艾智库的官方网站显示，中国共产党中央委员会办公厅（简称中共中央办公厅）、中国共产党中央政法委员会（简称中央政法委）、中国共产党中央纪律检查委员会（简称中纪委）、国家互联网信息办公室（简称网信办）、中共中央宣传部等党务部门，国务院办公厅、外交部、教育部等 20 多个国家部委办局，蒙牛、国家电网、腾讯、中国石油等大型企业都是其舆情服务的客户。热点事件频发，如何确定哪些网络舆情“应被关注”呢？中国传媒大学网络舆情（口碑）研究所的标准是“负面新闻事件中，如果被抽样的关于此事件的主帖、博文 80%以上的回复浏览比均在 8%以上（即网民在论坛上平均每浏览主帖、博文 100 次，回复均超过 8 条），则说明网民对事件关注程度高，相关方需密切关注防止舆情危机发生”[①]。国内外对舆情监测的内容有不小差异，国外注重监测新闻类信息，国内偏重对论坛、贴吧、微博、微信、微视频等社交媒体的监测，几乎所有的舆情监测系统或平台都会关注社交媒体动向。随着社交媒体的普遍渗透，这种差异正在缩小，网民实时交换意见、传播信息的社交媒体成为舆情监测的重要组成部分。

新媒体舆情监测涉及的具体关键技术主要有信息采集、特征抽取等。新媒体舆情预警、研判必备的前提条件就是信息采集，当前的信息采集技术从早期的静态页面信息抓取发展到从数据库动态获取，从字符串匹配的检索发展到算法支持的智能检索，神箭手、集搜客和八爪鱼等都是当前比较常用的信息采集器；特征抽取中常见的是通过设置关键词来描述整个文本的关键信息，或基于词频规律，或基于机器学习的关键词，或基于语法和句法的语义特征抽取。除此之外，自动分类与聚类、智能检索、话题检测与跟踪等技术也常被运用在新媒体舆情监测中。总体而言，当前新媒体舆情监测使用的方法主要包括以下几种。

一、基于网络爬虫技术

网络爬虫又叫网络蜘蛛、网络机器人，英文名有 crawler、web spider、robot 等。在爬虫技术方面，国外已有很多高性能爬行器，如斯坦福大学设计的 Google 爬虫；国内高性能网络爬虫主要有北大天网网络爬虫，其工作机制一般为：首先对待爬取的页面进行检索，然后在爬取时间内定向进行挖掘。定向挖掘通常有两个策略，要么深度优先，要么广度优先。这取决于信息采集者的判断。以一款免费数据采集爬虫——火车采集器软件为例，其数据爬取流程如下：首先将待爬取的相关网站地址复制到火车采集器里，然后该软件会根据网页的统一资源定位符（Uniform Resource Locator，URL）访问页面，查看网页的源代码、搜索相关内容。通过对网页中所需要的信息提取标识符，火车采集器会对目标网址进行分析，检测其准确性与可爬取性，若测试网页识别的内容符合预期则运行程序，否则将跳过，直至爬取结束。最后，根据数据采集者的目标，将数据保存到数据库中进行预处理。一般而言，提取到的内容会包含很多不必要的信息，如网页链接、字符、标点等等，需要进行预处理，这一

---

① 何忠洲，魏娟. 2010. 网络事件“预警线”出炉 网络舆情“攻防策”. http://www.infzm.com/content/43908 [2020-3-13].

步骤通常也被称作数据清洗阶段。目前，国内新媒体舆情爬取的主要信息是文本类结构化信息，对图像、表情包、语气词等非结构化信息的处理手段尚不成熟。基于文本内容的舆情挖掘依赖于主题提取，一旦确定好主题，就可以将提取到的数据运用词频统计、主题模型构建等方法实现对文本内容的分析。其中，主题模型技术是一种非监督的计算机学习技术，可用来分析文本中的隐含信息，其处理的文本通常信息量较大、较为复杂，非常适用于分析新媒体的海量数据。

二、基于大数据技术

数据挖掘与分析是一门融合了统计学、数据库、机器学习和人工智能等多方面知识的学问。其中，数据挖掘（data mining）是数据分析的基础和前提，数据挖掘侧重技术能力，数据分析更侧重考察舆情工作者的综合能力，例如在对数据的计算过程中发现信息传播规律和提出建设性结论。

在数字化时代，公众行为、企业决策、国家治理等不同领域的主体都会留下可处理的海量数据。数据是对客观世界的测量和记录。每个时代的数据都有自己的特征，但在新媒体研究视野里，以字节、图片、视频图像等不同格式文件储存的可处理数据与传统媒体时代的数据有很大差异。互联网技术的发展助推了数据的指数化升级，诸如谷歌、百度、腾讯等新媒体平台的诞生，更是掀起了新一波数据生产狂潮，加之多种社会化平台中的用户内容生产与分享，催生的数据之大可谓海量。新媒体学科中的大数据研究正是借助于可获得的数据，按照"挖掘搜集—信息处理（数据清洗、数据存储、数据索引）、舆情服务（预警、研判）—产品输出（报告）"的基本流程进行的研究。大数据时代的舆情需要通过网络媒介进行信息的传输与储存，但目前来看我国大数据采集和处理分析等治理能力还不能满足信息发展的需求。首先，缺少智能化的信息收集系统。网络用户和数据量的增多导致舆情的预警和监测能力凸显不足。一旦出现众多信息同时爆发的情况，就会出现网络瘫痪的现象。其次，大数据时代的技术处理过于分散，没有形成系统化的管理体系，这严重影响了对数据的管理水平。最后，大数据的发展和治理水平在不同地域、行业、部门之间存在很大差异，信息共享程度不够高、功能关联程度不够强等问题较为突出。

基于大数据技术的新媒体舆情监测是指通过大数据技术手段挖掘新媒体空间中呈现的公众意见、态度和观点，进而进行汇总、整理与分析。这种舆情监测基于以下四个步骤：①确立舆情数据库。一旦发生舆情事件，能够及时锁定活跃的数据信息。②运用 Frame、Ajax 等采集和分析网络信息的基础性技术挖掘数据，通过数据了解不同主题的网络舆情发展态势，对其重要性、敏感性等进行研判。③将结构或非结构性数据转化为可供分析的文本数据。“数据”并不等于数字，随着网民表达方式的多元化，有很多符号可以表达个人意见，特别是社交媒体中的短文本、情感表达中的非结构化符号，表情包、图片、语气词等情感化表达需要转化为“情感数据”才能被计算、处理。④不断优化抓取规则、建立和完善案例库。这需要舆情工作者具备快、准、精地对有效、有用信息进行搜索的能力，在搜索和分析过程中不断优化关键词，从而更高效地抓取目标内容。但是单纯利用计算机并不能对新媒体舆情进行准确的研判，计算机只是在协助人们深入分析时提供数据支撑，只有将这项“人机合一”的工作进行融合推进，才能提高新媒体舆情治理的水平。大数据技术通过对海量数据进行快速收集与挖掘、及时研判与共享，成为支持社会治理科学决策和准确预判的有力手段，为社会转型期的社会治理创新带来了机遇。数据挖掘与分析是一种研究方法，在新媒体时代，数据就是资源和竞争力，但同时要避免走进偏狭的“数据中心论”陷阱。

三、基于社会网络分析

在互联网时代，金字塔社会结构逐渐被网状扁平结构取代，网络结构的分析也已不再仅仅关注社会行动者个体的先赋属性，而是更多地关注传播个体联结起来的社会网络和“能动”的社会结构本身。在社会理论领域，网络结构的分析源自社会网络分析（Social Network Analysis，SNA），起源于 20 世纪 30 年代的社会网络分析是一种独特的理论和研究方法，其思想和实践的起源可以追溯到奥古斯特·孔德（Auguste Comte）对社会系统不同部分相互联系的结构性社会观察的范式。由于社会网络分析这种结构性范式所蕴含的一般性，它早已跨越了传统学科的界限，被广泛应用于社会学、传播学、人类学、数学、经济学、政治学、计算机科学等诸多领域。[①]社会网络分析在 20 世纪 70 年代快速发展，80 年代成熟，到 90 年代直至今日长盛不衰。德国古典社会学家格奥尔格·齐美尔（Georg Simmel）、美国社会学家雅各布·列维·莫

① 林顿·C·弗里曼. 2008. 社会网络分析发展史：一项科学社会学的研究. 张文宏，刘军，王卫东译. 北京：中国人民大学出版社：4-12.

雷诺（Jacob Levy Moreno）、英国社会人类学家阿尔弗雷德·拉德克利夫-布朗（Alfred Radcliffe-Brown）等，都对社会网络理论和方法的早期发展做出了贡献。如果说 20 世纪 40—60 年代的欧美社会学界是结构-功能主义的天下，那么从 20 世纪 70 年代初期至今占据着欧美社会学特别是美国社会学主流地位的则是社会网络分析。社会网络分析的基本观点有：①世界是由网络而不是群体或个体组成的；②网络结构环境影响或制约主体行为，社会结构决定二元关系的运作；③行动者及其行动是互相依存的单位，而不是独立自主的实体；④行动者之间的关系是资源流动的渠道；⑤用网络模型可以对社会的、经济的、政治的结构进行操作化定义，以便研究行动者之间的持续性关系模式。作为一种独立的社会研究方法，社会网络分析近年来已形成了自己的理论基础和方法论原则，在社会学中运用得最为成熟，多用于描述和测量行动者之间的关系或通过这些关系流动的各种有形或无形的内容，注重考察事物的关键节点、关系特征、多维因素以及社会结构。社会网络分析适用于探索社会关系结构，包括传播结构和关系网络。

根据分析着眼点的不同，社会网络分析可以分为两种基本视角：关系取向（relational approach）和位置取向（positional approach）。关系取向关注行动者之间的社会性关系，通过社会联结（social connectivity）本身（如密度、强度、对称性、规模等）来阐释具体的行为和过程。分析的基本单位是关系（relation）而非不同类别的个体受访者特征（如女性、网龄、地域），采用的数据类型是关系数据（relational data）而非属性数据（attribute data）。按照这种观点，那些处于强关系中的密集的社会网络对新媒体舆情演化的影响更大。位置取向则关注存在于行动者之间且在结构上处于同等地位的社会关系的模式化（patterning），讨论的是两个或两个以上的行动者和第三方之间的关系所折射出来的社会结构，关系和位置的分布将会影响节点的行为和态度。社交媒体的信息生产与传播打破了传统单向模式，具有立体、多维、网状等新特征，因此新媒体舆情监测需要紧密结合社交媒体信息传播的模式。社会网络分析方法对分析被编织在互联网络中的知识生产、交往模式、用户行为等社会关系非常有效，为辨识新媒体舆情的关系属性带来了新的分析视野。在社会网络中，网络空间的个体或者群体被抽象为一个节点，用来表现现实中的人或组织，两个节点之间的作用关系被抽象为社会网络中的一条连线，即“边”，两条边的关系可以是有向的，也可以是无向的，当大量的节点和边加入的时候，社会网络就形成了，基于这种高度抽象且形式简单的网络，借助图论及统计物理等相关办法，研究人员能够更加有效和科学地分析个体行为与交互、群体组织与演化等重要问题。因此，新媒体舆情分析可以运用社会网络分析法阐释事件扩散过程，描述具体舆情的网络传播社群路径，并可以以定量方式进行结构测度分析。当前有很多可视化工具可以辅助做新媒体舆情的社会网络分析，比如Gephi、UCINET。

四、基于复杂网络

同样都是针对网络的研究，但是与主要运用社会科学的社会网络分析不同，复杂网络（complex network）主要被运用于系统科学领域，是指具有复杂拓扑结构和动力学行为的大规模网络。复杂网络是由大量的节点和节点之间复杂的关系共同构成的网络结构。复杂网络理论一经产生便在自然科学和社会科学领域掀起了研究热潮，包括神经网络、互联网、万维网、超文本传输协议等都是典型的复杂网络，它们具有一些基本特征：①节点与节点之间的链接形式、链接内容和链接结构都是多样性的。②节点和链接具有社会现实意义，即个体可以抽象成网络节点，个体间的关联可以抽象成节点间的链接。③网络中各节点状态随时间不断变化，具有演化动力学特征，这也是它与静态的社会网络分析的最大差异。④复杂网络具有稳定性。在20世纪90年代末，邓肯·沃茨（Duncan J. Watts）和史蒂文·斯特罗加兹（Steven Strogatz）在《自然》上提出了“小世界网络”（Small-World Network）模型，该模型以两人的名字命名，因此也称为WS（Watts-Strogatz）模型。随后，艾伯特-拉斯洛·巴拉巴西（Albert-László Barabási）和雷卡·阿尔伯特（Réka Albert）提出了“无标度网络”（Scale Free Network）模型。它们都是对复杂网络的拓展成果，小世界网络和无标度网络的发现，以及随后许多真实网络的实证研究表明，真实世界网络既不是规则网络，也不是随机网络，而是兼具小世界和无标度特性，具有与规则网络和随机网络完全不同的统计特性。比如，微博空间就是一个典型的复杂网络，具有明显的无标度特性。如果将每个微博用户抽象为网络节点，则这些节点在微博中的分布状况和相关关系是不均匀的，具有很强的异质性，少部分节点拥有大量的外部链接，而大部分节点却很少拥有。

五、基于多模态话语分析

多模态话语分析（Multimodal Discourse Analysis，MDA）是建立在语言学基础上的分析方法，重视文字语言与图像、声音等非语言符号的结合，从整体角度分析各类符号所组成的表意系统并探索其话语意义，以更好地解释人类传播中的交往和互动行为。多模态话语分析可以归纳为三种主要的理论模型：以冈瑟·克雷斯（Gunther Kress）和西奥·范·列文（Theo van Leeuwen）为代表的“系统功能多模态话语分析”；以西格丽德·诺里斯（Sigrid Norris）为代表的“多模态互动分析”；以顾曰国为代表的“语料库语言学多模态话语分析”[①]。新的技术环境改变了人类的交往方式，其话语体系也正在被重塑，特别是新媒体话语建构的多元开放的话语体系打破了由传统媒体话语建构的单一权威的话语格局。多模态话语分析不仅分析文本，还分析图文、表情包、口号标语、音视频、色彩等复合式话语，因为语言符号和非语言符号构成的多模态话语共同建构社会意义，从这种角度切入的新媒体舆情研究试图探索人们的视觉、听觉和触觉等多种因素在事件发展中的功能。随着数字土著群体的持续扩大，很多新媒体平台一改以文字模态为主的交流模式，在某些舆情事件中，表情模态、音视频模态甚至起到主导作用。在模态关系上，新型话语模态表现为强化、补充、解释、证实、暗示等。目前，不管从实践技术还是从理论层面，专门针对新模态的舆情话语研究分析相对较少，但是举足轻重。

第三节　新媒体舆情监测系统

“监测”和“监控”虽有一字之差，但是其背后的理念和意蕴却有天壤之别。前者是网络用户和政府监管方之外的第三方客观观察主体，还原社会真实的意见构成，力图用公开回应、透明应对的手法，化解公众与政府、企业之间的矛盾，帮助修复和塑造组织或机构的公共形象；“监控”一词则是不去认真解决舆论危机中暴露出来的问题，而是用删帖、封堵等方法回避问题。舆情监测是“补台”，而不是“拆台”，不管基于何种方法进行，其都是新媒体舆情服务工作的基础部分，同时也是“人工+技术”需要高度结合的内容。这种高要求催生了中国网络舆情监测服务机构的发展，2013 年白长燕把当时国内的

① 张佐成，陈瑜敏. 2011. 多模态话语分析三大理论分析方法评述. 中国英语教育，（1）：1-11.

网络舆情监测服务机构大致分为四类[1]。这种分类按照服务对象、宣传重点、对新产品开发等的标准进行划分。如今来看，其中有的舆情服务机构品牌依然响亮，有的没落，有的面临转型，舆情机构市场上更出现了一些新生力量。

本书综合机构性质、隶属部门和服务内容等在白长燕四分类的基础上将目前的舆情监测服务机构总结为五大类。第一类是企业主导的舆情服务机构，主要分为两种。一种是国内互联网巨头开发的舆情服务系统，例如阿里云·云市场·舆情监测、百度大数据舆情 API、腾讯云·云舆情-舆情监测预警等，这些舆情服务机构拥有海量数据的天然优势，提供的服务内容一般是基于自身平台产生的数据。另一种是由软件开发公司和专业调查公司构成的舆情服务机构，它们的工作重点主要是提供舆情监测工具，相对少地参加对舆情数据的研判与分析，以北京北大方正电子有限公司、拓尔思信息技术股份有限公司、谷尼国际软件（北京）有限公司、知微事见、湖南蚁坊软件股份有限公司、深圳乐思软件技术有限公司、军犬网络舆情监控系统等为主要代表，这类企业的技术实力较为雄厚，抓取网络舆情数据能力较强。第二类是依托新闻媒体建立的舆情监测服务平台，如人民网舆情数据中心、新华网的舆情在线和中青在线等。这类舆情服务机构汲取了传统媒体的新闻专业优势，经常从一手材料里获取元数据，舆情服务机构对时事热点的解读性和阐释性能力较强，其舆情产品一般具有很强的舆论导向性和新闻性。不过近年来，这类舆情服务机构的媒体派业务向多元化发展，大型企业、事业单位、公共机构等都成为它们的客户。第三类主要为由高校或科研院所创办的舆情研究所（中心）。这类舆情服务机构在国内多扮演“智库”的角色，研究者学科背景复杂，有着较高的专业理论水平，试图在舆情服务中实现学术价值，进而实现智库价值和商业价值。这类舆情服务机构也分为两种，一种隶属于高校新闻传播学院或研究院新闻与传播研究所，如复旦大学传媒与舆情调查中心、中国人民大学舆论研究所、天津社会科学院舆情研究所等，另一种隶属于独立核算的科研机构，如中国传媒大学网络舆情（口碑）研究所等。依托高校和科研单位的舆情服务机构偏重舆情研究的学术传统，善于解读舆情演变与发展背后的规律和理论。第四类是由舆情监测软件机构和高校合作成立的舆情实验室，如南京大学-谷尼网络舆情监测与分析实验室（Internet Public Opinion Lab，NJU-Goonie）、清华-优讯舆情实验

---

① 白长燕. 2013. 略论我国网络舆情监测产业的现状与发展路径. 人民论坛，（26）：58-59.

室、暨南-红麦舆情研究实验室、人大-方正舆情监测研究基地。这种校企合作模式也在客观上证明舆情机构的第三方身份，因为一旦涉及“监测”，公众会将之与“监控”画上等号，并质疑其公信力和权威性。第五类是党政机关的舆情服务机构。各级政府部门是舆情服务机构的重要客户，政府部门除了购买第三方企业的舆情产品，一般而言，还会协调组织内部资源建立自己的舆情服务部门，专门组织开展舆情信息的搜索、汇集和分析，一般以研究报告或决策咨询的形式报送相关部门。

国内舆情系统的发展可分为三个阶段：舆情采集及应用、舆情分析及系统开发、舆情云计算加服务。舆情采集阶段主要解决如何从互联网海量信息中搜索和筛选有价值的信息，以提高工作效率，降低人力成本的问题，其中代表性的技术是雷达监测和全文检索。舆情分析则是在舆情采集的基础上，突出对信息进行数据挖掘，利用自然语言处理技术，以人工智能方式对海量文本内容进行分析及自动化处理，监测软件可以通过自动分词标注系统分析网络舆情材料。例如，针对教育舆情的监测，通过对教育舆情的主题词进行自动分类、自动聚类以及倾向性分析，可以即时监测到实时热门话题与舆情预警信息。自动分析标注是舆情预警和监测的基础技术，以中国传媒大学高等教育传播与舆情监测研究中心使用的舆情监测系统为例，它将高等教育舆情划分为 12 个主题，包括体制改革、质量评估、就业、学生、教师发展、高校管理、人才培养、科学研究、社会服务、学科专业、政策聚焦、国外教育，其中每个主题下面设置 50 个左右的关键词，一旦在互联网中出现了系统设置的关键词，该条信息便进入了监测系统。这一阶段，具有代表性的软件是方正智思互联网舆情监控系统。该软件能做到对信息内容的文本倾向性、语句观点、信息传播和分析进行提炼和聚类。在第三阶段，云技术的兴起为构建新一代舆情系统提供信息共享与协同工作平台的技术保障。这一平台具有高性能、低成本的特性，海量信息的利用率和延展性得到极大提升。当前大多数舆情信息采集主要利用网络爬虫技术、分词技术和议题聚合技术，缺乏更深层次的数据挖掘。舆情研究不应只停留在浅层次的信息采集和分析上，而要对数据进行更为精细的研究，由点及面地按照特定的舆情专题进行深度分析，按时完成深度专题报告，进而进行跟踪研究。因此注重数据深度分析成为当前很多舆情系统或平台升级的重要目标。

当前中国新媒体舆情监测系统也存在一定的不足之处：力量依然相对分散，缺乏公认的舆情系统品牌和权威性；部分舆情监测系统依然处在软件销售阶段，向服务型、平台化方向转变是未来舆情监测系统公司的大势所趋；定位雷同，目前大多数舆情监测系统都可以为政府、企事业单位提供舆情产品服务，服务客户并没有很大差异；舆情产品同质化，一部分舆情产品处于低层次重复阶段，数据挖掘的内容主要是浅层次的信息，缺乏语义关联和智能分析辅助，缺乏深度、创新和有效的指导性。新媒体舆情监测并不等于专门盯着负面消息，也可以聚合网民对某些议题的建设性意见和良好建议，这也是舆情监测服务的重要内容，从监测平台到"智库"的转型成为舆情服务行业的转型目标。

一、国内几种重要的舆情监测平台

1. 谷尼网络舆情监测系统

谷尼网络舆情监测系统是谷尼国际软件（北京）有限公司旗下的舆情服务产品。谷尼国际软件（北京）有限公司总部在北京，在上海、南京、广州、成都等地都设有办事处，主要提供包括谷尼网络舆情监测系统、谷尼企业竞争情报系统、谷尼新媒体大数据管理系统、谷尼舆情咨询服务方案等多种软件产品。不同的软件产品可以满足不同的客户需求，定向性特征明显。2009 年，谷尼国际软件（北京）有限公司与南京大学网络传播研究中心合作成立了南京大学-谷尼网络舆情监测与分析实验室。该实验室是中国较早开展产学研协同的网络舆情研究机构，结合学术视野和科学方法，因此所做的相关研究报告多包含一定的学理阐释和管理策论。该实验室采用项目制运行，并尝试不断开发更具针对性的情报系统。

2. 军犬网络舆情监控系统

军犬网络舆情监控系统是中科点击（北京）科技有限公司大数据布局中的系列之一。该公司从 2007 年成立之初，就开始从事媒体与舆情相关的工作。2008 年军犬网络舆情监控系统 V1.0 上线，同年就投入使用进行奥运会舆情保障工作。2012 年该公司曾承担国家火炬计划中的"网络虚拟社会管控系统"项目（2012GH010013）。2015 年推出军犬舆情管家产品，提供更加精细的网络舆情监测服务，并实现了通用型、标准化的产品理念。军犬舆情管家的亮点在于高度智能化和高度自助化，比如，用户可以在注册账号后，添加关键词，自行搭建属于自己的舆情监测平台。

3. 拓尔思网络舆情监测平台

拓尔思网络舆情监测平台隶属于拓尔思信息技术股份有限公司。拓尔思信息技术股份有限公司最早的舆情产品是舆情管理系统，因此该公司定位于内容管理产品供应商，并与北京信息科技大学有合作关系。其自主研发的网络信息雷达系统是一款可独立运行的互联网数据采集产品，可以通过网页采集、信息抽取及智能化处理，实现互联网非结构化数据到结构化数据的自动转化。此外，拓尔思网络舆情监测平台包含多项二级平台，如 Hybase 海贝大数据管理系统、融媒体智能生产与传播服务平台、网察大数据分析平台等等。该平台可以通过对网络各类信息进行汇集、分类、整合等技术处理，实现对舆情信息的精准和全面采集，同时综合运用大规模文本智能挖掘技术，实现对海量舆情信息的准确、高效分析和管理，其舆情功能从用户角度来看较为全面。拓尔思信息技术股份有限公司以自己的检索功能为根基，针对不同用户的舆情监测需求，应用领域跨越文化教育、食品安全、医疗卫生、交通能源、质检监察等企事业单位，以及家电、IT、银行、汽车、房地产、电信等各类企业。

4. 方正智思互联网舆情监控系统

北京北大方正电子有限公司业务多元，包含印刷、传媒、出版、字库和数字教育、大数据等，相对于庞大的“方正家族”，舆情监测只占方正集团的一小部分。但是在目前的舆情系统服务市场上，方正智思互联网舆情监控系统的占有份额较大，高端客户比较多，在全国各地有 13 个分公司和 8 个办事处，这离不开方正的品牌效应。方正智思互联网舆情监控系统分为四大板块：①全方位海量数据实时自动采集，可以对境内外新闻、贴吧、论坛、博客、微博、微信、移动新闻客户端等媒体进行实时化和自动化检测，还可以对诸如突发、易发舆情事件的特殊站点进行监测。②全网舆情热点快速自动定位。监测系统可以自动对各大网站进行热点信息监测分析，根据用户所处的地域或关注的网站、人物、议题，自动、定时地向用户推送相关的热点信息。③舆情信息智能分析快速预警。方正智思互联网舆情监测系统以自然语言处理技术和自己开发的大数据挖掘技术为基础，结合人工经验研判，实现舆情信息与事件综合分析的预判，通过提示框、短信及邮件等途径进行预警。④提供舆情报告服务。总之，方正智思互联网舆情监测系统整合互联网搜索及信息智能处理等技术，通过对网络信息进行自动抓取、自动分类聚类、主题检测、专题聚焦等，实现网络舆情监控和新闻专题追踪等功能。

5. 人民网舆情数据中心

人民网舆情数据中心由 2008 年 7 月组建的人民网舆情监测室更名而来，2009 年与北京人民在线网络有限公司（是由人民网控股、人民网与证券时报社合资成立的专业舆情服务机构和信息增值服务机构）实行一体化运作。2015 年北京人民在线网络有限公司组建人民网新媒体智库，探索“数据+咨询”的智库转型之路。人民网舆情数据中心依托《人民日报》、人民网的品牌和资源优势，面向政府机关、事业单位以及大型企业，提供含《网络舆情》杂志、舆情监测、舆情培训、声誉管理、品牌传播、新媒体咨询、大数据平台建设、政务信息化建设和融媒体技术应用在内的综合服务。作为中国舆情行业的开创者、服务标准的制定者，人民网舆情数据中心的产品包括舆情专业刊物《网络舆情》、年度互联网舆情分析报告、舆情案例分析报告、舆情应对能力评估体系等。

人民网舆情数据中心可以实现三大功能：首先是信息汇总与存档管理，包括信息监测管理、信息预警管理、信息发送管理、简报生成管理、报告下载管理、资料拷贝管理等功能。其次是统计分析与报表管理，该系统将网络舆情信息主要划分为两个层面进行分析。第一层面是报道来源、报道内容、报道数量。第二层面则是信息统计呈现，并以饼状图、柱状图、折线走势图等直观形式表现出来，实现舆情信息的综合统计分析。最后是垂直监控与舆情管理，包括用户综合管理、人物舆情管理、行业舆情管理、新闻宣传管理等功能，实现对相关机构的垂直监控，实现网络舆情工作的综合管理。总的来说，目前舆情监测行业普遍的一个短板是分析研判能力不足。由于网络平台上的帖文属于非结构化数据，梳理归纳有技术难度，纯技术公司对政府的公共管理和企业的声誉管理显得有隔膜，网络舆情在某种程度上就是复杂国情的突出组成部分。在这方面，像人民网这样集门户网站与中央重点新闻网站于一体，融内容分析与技术开发于一炉的特殊机构，在舆情研判和危机应对方面，具有很大的相对优势。如果说人民网舆情数据中心的客户大多是中央党政机关和大型国企，那么成立稍晚的新华网网络舆情监测分析中心除了也为高层国家机关服务之外，还实行一系列差异化生存策略，他们搭建了全国唯一的区县舆情监测平台。新华网网络舆情监测分析中心开发的新华网舆情监测系统在提供系统、全面的解决方案和跟踪最新热点方面颇具优势，其内容包括日常性舆情监测与分析、突发事件舆情监测与分析、化解舆情危机系统方案及后续形象修复工作等。

二、新媒体舆情指数及“黑箱”

1. 若干新媒体舆情指数

1）清博指数

清博指数（曾称新媒体指数），主要基于各大媒体平台开展关系与价值指数评估，研究分析全球社交媒体数据。清博指数设置了十二大指数榜单，包括微信榜单[微信传播指数（WCI）总榜]、今日头条榜单[头条号清博指数（TGI）总榜]、B站视频榜单[B站视频传播指数（BVCI）总榜]、腾讯视频榜单[腾讯视频传播指数（TXVCI）总榜]、梨视频榜单[梨视频传播指数（LVCI）总榜]、美拍视频榜单[美拍视频传播指数（MEPVCI）总榜]、西瓜视频榜单[西瓜视频传播指数（XGVCI）总榜]、抖音视频榜单[抖音号传播力指数（DCI）榜单]、快手视频榜单[快手传播力指数（KCI）榜单]、政务合作榜单（政务单位&清博指数合作发榜）、媒体合作榜单（媒体单位&清博指数合作发榜）等。这些榜单几乎涵盖了当前用户黏性最高的社交平台，但是这些按照平台名称设置的榜单并不能完全满足用户的需求，因此清博指数还开放了“自定义榜单”，用户可以按照所关注的议题领域或话题设置榜单，如教育榜、大学榜、幽默榜等。

2）新榜指数

新榜指数（New Rank Index，NRI）由复旦大学新闻学院提供全方位学术支持，是国内最早提供微信公众号内容数据价值评估的第三方机构。新榜官方网站显示，新榜已遍历超过2000万个微信公众号，截至2020年3月，对超过110万个有影响力的优质账号实行每日固定监测，并且每月、每年都会发布在行业内具有很强的权威度和认可度的中国微信500强榜单。新榜指数是由新榜的内容产业服务平台基于海量数据参照基数通过计算公式推导出来的标量数值，用以衡量原始数据在其所属维度的相对表现。在微信的计算中，新榜选定整体指标（总阅读数，R）、优异指标（最高阅读数，R_m）、质量指标（平均阅读数，R_a）、主动预判指标（头条阅读数，R_n）、互动指标（总点赞数，Z）五个指标。

3）微指数

微指数是基于微博数据推出的一款数据产品，它可以通过对与关键词相关的用户数据、行为数据、内容数据进行统计分析，完成关键词数据指数化，是衡量关键词在微博上的传播互动效果、热议情况的重要指标。使用者可通过微指数了解微博热点趋势、洞察热点参与用户，其是通过微博提及、阅读、互动三个指标数据加权得出的。微指数目前只提供移动版，网页版暂停访问，移动版微指数可提供 1 小时、24 小时、30 天、90 天四个统计时间最多三个关键词的对比趋势。

4）知微事见的事件影响力指数

知微事见的事件影响力指数（Event Influence Index，EII）是基于全网的自媒体和网络媒体数据，用来描述某单一事件在互联网上的传播效果的指标。事件影响力指数的计算是对事件在自媒体（以微博、微信为主）和网络媒体上的传播效果进行加和，加和后的事件影响力再通过归一化运算得到范围在 0—100 的指数。知微事见的影响力指数根据不同平台的特性，设置了分平台影响力指数，它是指将事件在该平台的每条数据发布渠道的渠道影响力进行加和，加和后的数据再通过归一化运算得到范围在 0—100 的事件影响力指数。

5）百度指数

百度指数主要的功能模块有趋势研究（包括整体趋势、PC 趋势还有移动趋势，可以显示互联网用户对关键词搜索关注程度及持续变化情况）、需求图谱（用户在搜索该词的前后的搜索行为变化中表现出来的相关检索词需求）和人群画像（包括地域、年龄、性别和兴趣分布）三大部分，同时提供两个及多个关键词的对比分析。百度的搜索指数以网民在百度的搜索量为数据基础，以关键词为统计对象，科学分析并计算出各个关键词在百度网页搜索中搜索频次的加权和。根据搜索来源的不同，搜索指数分为 PC 搜索指数和移动搜索指数。需求图谱-需求分布是综合计算关键词与相关词的相关程度，以及相关词自身的搜索需求大小得出的。相关词距圆心的距离表示相关词与中心检索词的相关性强度；相关词自身大小表示相关词自身搜索指数大小，红色代表搜索指数上升，绿色代表搜索指数下降。需求图谱-相关词分类涵盖了两类关键词：来源相关词和去向相关词。前者反映用户在搜索中心词之前还有哪些搜索需求，通过过滤出上一步搜索的相关词，按相关程度排序得出；后者反映用户在搜索中心词之后还有哪些搜索需求，通过过滤出下一步搜索的相关词，按相关程度排序得出。此外百度指数还涵盖了资讯指数、媒体指数、人群属性等维度。

6）微信指数

微信指数是微信推出的基于微信大数据移动端指数。2017 年 3 月，微信公众号发布了微信指数，具有与百度指数、淘宝指数等类似的平台内指数功能。微信指数的推出基本上能够实现对关键词搜索热度趋势进行判断。它整合了微信上的搜索和浏览行为数据，基于对海量数据的汇集和分析，可以形成 7 天、30 天以及 90 天的关键词动态指数变化情况，方便我们看到某个词语在一段时间内的热度。因此微信指数可以辅助我们对社会热点的监测，了解微信用户当前最为关注的社会问题、热点事件、舆论焦点等等。

2. 认识舆情指数算法的“黑箱”

不管是舆情监测系统还是舆情指数，都涉及不同的算法。一般的舆情系统基本都可以实现关键词提取、摘要分析、分类聚类、主题监测、情感分析，但是背后的算法不尽相同。以敏感词自动监测为例，由于政治、色情、凶杀暴力、赌博迷信、负面报道等内容的敏感词库收录标准不同，会出现在一个系统里是敏感词但在另一个系统里可能就是另一种结果的情况。因为算法存在的“黑箱”问题，信息处理过程被遮蔽起来，信息输入、数据输出的两端可被人们查验，但这种信息处理方式对舆情事件的动机、行为以及演化过程依旧缺乏阐释力，并会因为算法看似客观但却隐匿的偏见导致研判出现偏差。从现有公开资料上看，几乎没有舆情监测系统将自己的算法公布。为了分析的需要，本部分对可以查阅到的几个舆情指数算法进行分析，使我们可以认识指数的所以然。

以新媒体舆情监测与预警中的微信指数为例，清博指数、新榜指数和腾讯平台的微信指数都可以就具体舆情事件对微信变量进行评价，但是这三者也存在很大差异。影响新媒体舆情指数的三个内容包括：①数据的完备性问题。不管是新榜指数还是清博指数，根据腾讯官方政策，微信影响力榜单所列微信阅读数仅指前台显示数据，与微信管理后台所显示数据“可能不一致”，这意味着数据量不同，对指数的测量也不尽相同。②指标设置问题。清博指数中的微信传播指数（V14.0）按照整体传播力、篇均传播力、头条传播力、峰值传播力四个维度进行评价，它们的权重分别为30%、30%、30%、10%，四个一级指标对应的二级指标及权重分别是：日均阅读数（R/d）77%，日均在看数（Z/d）17%，日均点赞数（L/d）6%；篇均阅读数（R/n）77%，篇均在看数（Z/n）17%，篇均点赞数（L/n）6%；头条（篇均）阅读数（R_t/n_t）77%，头条（篇均）在看数（Z_t/n_t）17%，头条（篇均）点赞数（L_t/n_t）6%；最高阅读数（R_{max}）70%，最高在看数（Z_{max}）20%，最高点赞数（L_{max}）10%[①]。而新榜衡量微信指数设置了五个一级指标，它们的权重分别是整体指标（R，系数为0.75）、优异指标（R_m，系数为0.05）、质量指标（R_a，系数为0.10）、主动预判指标（R_n，系数为0.05）、互动指标（Z，系数为0.05）。③指标的标准化问题。在多指标体系中，由于指标的单位不同、数量级差异，不便于分析，甚至会影响评价结果，因此一般而言，新媒体舆情指数为了统一标准，都需要对所有的评价指标进行标准化处理，然后再进行分析评价。指标的标准化方法选择对指数结果至关重要，方法不同指数结果也会截然不同，例如针对线性指标的极差变换法、比例变换法，针对非线性指标的偏差法、比重法，它们所得出的计算结果并不能反映人们的价值认知标准。

综上，新媒体舆情监测技术手段的核心价值是为舆情分析从业者提供一个参考系，通过舆情监测系统或指数等手段能够为新媒体舆情的专业分析和研判提供重要的支撑，但同时我们并不能陷入片面的唯技术论，一个融合技术与人有机协作的新媒体舆情研判体系不可或缺。“唯舆情系统”或“唯舆情指数”只要这一参考系是科学有效的，那么借此进行的观察和考量就是有意义的。

① R为评估时间段内所有文章（n）的阅读总数；Z为评估时间段内所有文章（n）的在看总数；L为评估时间段内所有文章（n）的点赞总数。d为评估时间段内所含天数（一周取7天，月度取30天，年度取365天，其他自定义时间段内以真实天数计算）；n为评估时间段内账号所发文章数；R_t、Z_t和L_t为评估时间段内账号所发头条的总阅读数、总在看数和总点赞数；n_t为评估时间段内账号所发头条文章数；R_{max}、Z_{max}和L_{max}为评估时间段内账号所发文章的最高阅读数、最高在看数和最高点赞数。

第六章　新媒体舆情研判

新媒体舆情是当代中国社会的“晴雨表”，对舆情信息的精准把握和科学研判有助于平息事件、稳定社会秩序。目前而言，基于海量数据的新媒体舆情监测与预警手段都可以辅助舆情研判。虽然计算机信息处理能力不断增强，但现存的舆情监测和分析系统、软件并不能对网民的心理需求作深入分析，诸多舆情监测软件评价标准局限在监测范围、分词技术、聚合功能、可视化呈现等方面，缺乏对舆情信息表象背后的价值和结构的分析，很难精准提出舆论引导和相关对策建议。

此外，新媒体舆情监测与预警软件需要大数据的“饲喂”，如果某些网民的态度和意见只是分散表达，处于微弱、零星的萌芽阶段，是很难通过舆情软件或系统进行科学研判的，而不少新媒体舆情事件恰是由星星之火引发了燎原之势。与新媒体舆情监测与预警技术手段相比，舆情研判环节需要更多的人力手段，因此对新媒体舆情事件的研判应该注重通过定量和定性相结合的融合性方法对网民心理进行研判。定量主要是对新媒体舆情事件的相关信息进行量化汇集和处理，比如通过发文量、点击量、阅读量、转载量等数据分析和判断舆情信息的演化趋势或影响。定性研判主要依据舆情危机的内容、发展等级、走向等维度进行性质上的认定和价值判断，进而分析舆情的基本属性、倾向、动机，发现回应与应对的重点、难点和关键点。定性研判需要相关的舆情工作者具有强烈的政治大局观、敏锐性、敏感性，对事件演化具有较强的洞察力。有学者认为，除了网络舆情的定量研判和定性研判之外，定向、定点也应该纳入研判的范畴中。定向研判是指对相关舆情的意见倾向进行判断，通过梳理，整理出网民对舆情事件的主体态度和总体倾向，这有助于辨别舆情信息的真假，剔除虚假舆情，排除失实信息和炒作信息。定点研判则是要重点关注网络意见领袖，比如网络版主、新闻爆料人、媒体记者、专业论坛和虚拟社群的关键网民等，在舆情从量变到质变的过程中，关键节点始终发挥关键的作用[①]。

第一节　新媒体舆情研判的基础维度

研判对新媒体舆情事件性质的基本判断、回应处置、舆论引导等至关重要，舆情研判可以参考以下五重维度。

一、内容维度

内容维度层面需主要兼顾该舆情事件的议题类型和性质两个层面。例如，本书第三章中将当前新媒体舆情议题分为经济金融类舆情、政治军事类舆情、社会民生类舆情、文化类舆情、综合性舆情几类。一般而言，与网民密切相关的社会民生类舆情具有生存周期长、热度持续性强、次生舆情衍生度高等特点，因此在舆情研判中，应格外重视这一类舆情的形成与演化。由于社会民生涉及普通民众的衣、食、住、行等诸多领域，范围非常广。就正面、中性、负面三类事件性质而言，负面事件更具有引爆网络的潜在性。因此负面的社会民生类议题更容易成为热点舆情事件，如产妇跳楼、油价上涨、天价宰客、古镇大火、极端维权等。

二、时间维度

新媒体舆情研判需要考虑时间维度，重大活动、节假日等对新媒体舆情形成与演化都有影响，这些节日和活动节点恰恰是新媒体舆情易发、高发的时期。例如，每逢重大节假日，如果出现重大交通事故、消防安全、恶性伤害、袭警辱警等与公共安全相关的舆情，由于在休假，公众有更多的空闲时间上网，关注网络动态，因此负面舆情事件一旦被爆，很容易吸引公众和媒体的聚焦，进而引发网络群体性事件。

三、空间维度

新媒体舆情研判的第三个维度是地理空间。涉事地域只是少数地区，还是全国多地同时爆发，抑或是重点省市，或者是热点议题的境外某地？国内日常舆情高发地域以东部经济发达、人口稠密的地区为主，北京、上海、广州、深

① 姜鑫. 2014. 收集、判断与沟通：突发性群体事件的网络舆情研究. 学术交流，（7）：202-207.

圳、杭州等地区高校密集、网民基数大、维权意识高、舆论监督力度大，成为近几年舆情聚集区。这些地区往往生活节奏较快，信息传播渠道发达，很多事件容易借助网络与新媒体迅速传播。例如北京丰台抢孩子事件、上海小学语文教科书“外婆”改“姥姥”事件、女子在迪士尼被 8 岁男孩摸臀遭其母打骂、深圳女童受虐事件、杭州万人请辞抗议打狗等，这类相似事件在全国其他地区也可能存在，但是由于地理空间关系，并未成为网络热点舆情。

四、渠道维度

众所周知，除了主流传统媒体、网络媒体在舆情传播与扩散过程中依然充当重要的渠道外，当前微博、微信、知乎、贴吧等社交平台都是容易促发新媒体舆情形成和演化同样重要的渠道，“朋友圈新闻”就因图文并茂的多模态话语方式具有特别强烈的直观冲击，加之“朋友”的传播，更容易让人相信，扩散速度也更快。随着移动竖屏终端的不断普及，短视频成为舆情信息传播的新路径。特别是年轻网民热衷于上传短视频，推动热点社会事件传播。短视频新闻比起文字、图片更具真实感、直观感，更容易让观看者产生信任。2019 年 7 月 30 日，红星新闻发布的一段短视频显示，重庆渝北区两路附近，一位驾驶红色保时捷的女子在掉头时与另一辆车的男司机发生口角，先出手打了男方一耳光，男方也反手打了女方，这段视频迅速引发关注。[①]这则短期内出现的热点舆情是通过短视频平台引爆的，“女司机”“豪车”等既有的社会标签在这则舆情事件中更加固化，而短视频的直观化传播加速了这种固化过程的广度和深度。

五、节点维度

新媒体舆情研判中的节点维度是要关注舆情演化趋势中峰谷的关键环节，传播主体中的意见领袖、关键发酵平台、刺激性因素等都属此范畴。比如，论坛中的网络版主，可以对所管辖的版块进行维护和管理，是论坛的把关人，不仅可以删除帖子、修改帖子、封存帖子、批量管理帖子，也可以以置顶帖子、设置精华帖、奖励积分等方式为网民观点和意见设置议程。根据事件发展变化探查关键节点，有助于更加科学地研判舆情。普通网民信源的研判并没有一般的规律可循，很多热点舆情都来自名不见经传的普通自媒体账号，但是在舆情

① 礼平. 2019. 社会舆情观察：豪车司机事件及处置建议. http://yuqing.people.com.cn/n1/2019/0823/c209043-31313745.html [2020-3-14].

发酵过程中，小 V、中 V 和大 V 的个体和媒体等这些关键意见领袖的参与扩散也成为需要重点研判的要素，它们的界定和传播角度对舆情发酵和演变至关重要。例如，在“山东辱母杀人案”事件中，主流媒体、商业媒体、谣言等都是不断引爆舆情的关键节点。2016 年 4 月 14 日，于欢因母亲遭催债人侮辱而刺伤 4 名催债人并致 1 人死亡。2017 年 3 月 23 日，《南方周末》刊文《刺死辱母者》引发舆论关注。次日，网易新闻客户端以《母亲欠债遭 11 人凌辱，儿子目睹后刺死 1 人被判无期》加速事件的传播。3 月 26 日开始，人民日报微信公众号连续发布有关此事的推文，最高人民检察院、山东省人民检察院等多部门也陆续公布相关进度。3 月 29 日，网络谣言“‘山东辱母杀人案’嫌疑人于欢已于 3 月 29 日被判属正当防卫，当庭无罪释放”广泛传播，舆情热度再度升温，此次谣言也导致本已趋向沉寂的网络舆论遭遇反弹。

第二节　新媒体舆情研判的参考外因

对新媒体舆情进行研判除了上述五重维度，还要考虑到社会外因。很多情况下，热点舆情的爆发会触发社会心理机制，身份认同、偏见、刻板印象、污名效应等人类漫长历史积淀的因素都会反映在热点事件中，笔者认为对舆情形成和演变研判的参考外因主要涉及网民心态、社会情绪和舆论氛围。

一、网民心态

我们知道新媒体舆情并不完全等于社情民意，只能够部分反映社情民意。但是这个“部分”有多大？现实社会和网络社会的重合度到底有多大？二者的连接“接口”的逻辑是什么？这些问题涉及网民在网络与新媒体空间的态度、意见和观点表达与在现实社会中的表达之间的关联度，换言之，就是追问网民的现实社会心态是怎样的。郑雯等曾针对新浪微博 1800 名网民的社会心态做了一项调查，首先根据《中华人民共和国职业分类大典》和相关研究文献，将这些微博用户群体分为知识分子及专业技术人员（如大学教授、律师、医生、记者、IT 工程师等）、商业精英（如私营企业主、企业 CEO 等）、党政人员（如公务员、军人等）和社会底层群体（如农民工、普通工人等）。研究结果发现：①反腐成为网络中提及率最高、最受关注的公共性议题之一，社会底层群体与党政人员最关注反腐议题；②知识分子及专业技术人员与社会底层群体议题表达接近，成为社会不满情绪最强烈的两大群体，位于财富两端的群体（社会底层群体和商界精英）是不安全感最为突出的两类群体；③党政人员爱国情感最强，社会底层群体领袖崇拜最坚定；④知识分子及专业技术人员是社会各界最有好感的群体，其情绪表达特别容易俘获其他社会群体信任，商业精英则更具网络行动号召力；⑤党政人员对改革开放的评价最高，其次是商业精英群体，社会底层群体和知识分子及专业技术人员的比例略低；⑥网络用户对市场主导的经济模式更为偏好，其中，商业精英对市场主导的经济治理模式的偏好位居各群体之首。总之，网民心态分析要注意的方面主要包括：①世代差异。"90后""00后""10后"这些互联网原住民和伴随电视长大的"80后"、阅览报纸和杂志成长的"70后""60后""50后"等，存在不同的心理认知，对网络与新媒体的理解和使用偏好存在极大差异。②新媒体社会资源应用差异。与资本资源、阶级权力等社会资源不同，新媒体社会资源主要涉及网民在网络空间对信息资源的接收、理解和使用等层面的差异，网民对新媒体社会资源应用不同，其基于不同心态的网络表达也相去甚远。①

二、社会情绪

舆情是公众或隐或现的情绪的载体，事件舆论和舆论事件频发，与此相联系的是舆情释放出了公众情绪的相应信号。通过把握舆情，可以在深层次上把握和舒缓公众情绪，这是避免社会震荡的重要方法之一。表达情绪的手段多种多样，以微博段子为例，衍生于热点议题的段子最主要的功能是批判和娱乐，议题特征与段子类型具有一定的对应关系，但这种对应不是绝对的，往往出现"跑题"现象。网络段子的话语形式往往多元、开放，幽默元素甚为显著。在公共与私人空间界限模糊的微博场域，娱乐和讽刺意味更浓。在段子针对政府的负面舆情中，指向官员腐败、对执政水平的不满较为突出，指向对公信力的不满相对较弱。由于针对官员腐败、对执政水平的不满情绪总是伴随着调侃、戏谑和解构等方式予以发泄，从而形成一些在网络中传播的政治黑话、热点段子，这些信息的传播带来双重后果：短期来看，可以作为网民纾解不满情绪的"减压阀"，但长期来看则会削弱党政机构的公信力。中央政法委长安剑在《当我们谈"雷洋之死"时，我们在谈些什么？》一文中指出，当我们谈"雷洋之

① 郑雯，桂勇，黄荣贵. 2017. 寻找网络民意：网络社会心态研究（第一辑）. 北京：华夏出版社：6.

死”时，我们首先谈的是无名之火。几乎每个人在谈论的“雷洋之死”的讲述都暗含隐喻，而这些隐喻，轻易地击碎了许多人内心的安全感。谈论“雷洋事件”的代入感使网民借助舆情投射情感，并追问：“我，会不会是下一个雷洋？”“屏幕背后的眼睛们一边读着新闻，一边总会在心里拿个镊子，在命运的天平上调整筹码，自觉或不自觉地测算自己和不幸的潜在距离。”[①]根据马斯洛人类需求层次理论，在生理之上的人类需求就是对人身、健康、财产等安全的需求，当“人大硕士”“初为人父”“结婚纪念日”“环境专家”等标签与“雷洋之死”一起作为该事件的标签进行传播时，很多网民在心理层面进行了人物置换，每个人都可能成为父母、进入婚姻殿堂、担任某一工作，因此在一个意义上，雷洋事件引爆网络的社会情绪其实是公众不安情绪的集中爆发。

三、舆论氛围

当舆情的利益相关者存在相同或类似的利益诉求时，很可能会产生群体聚集的舆论氛围。40 余年来伴随中国经济体制改革，政治领域、社会领域都发生了不小的变革。在此过程中，社会主体的利益不断分化、地域经济差距明显，人民日益增长的美好生活需要和不平衡不充分的发展之间的矛盾很容易通过某一具体舆情事件得以展现。曾有网民调侃“围观改变中国”，但是围观的底线在哪里？疫苗造假、寿光洪灾、滴滴凶车……很多重大事件，在权威媒体或涉事主体还没来得及回应的情况下，舆论场有时会被自媒体的力量裹挟向前，这是舆论审判在网络与新媒体时代的新型变种。从积极的角度看，舆论围观是一种社会进步，加强了社会监督，但是同时也搅乱了舆论市场，使理性和思辨的声音陷入逼仄的角落。在诸多官民矛盾的负面舆情事件中，人们更倾向于站在“民”的角度，以带有天然道德同情的视角进行审视，这里并不是要批判网民的本能视角，而是反思如果我们时常身陷情绪化的反驳、无意识的抵抗，那么沟通、理解永远只能束之高阁，新型公共领域的追求也属臆想。

第三节　影响新媒体舆情研判的“噪音”

在鱼龙混杂的新媒体舆论格局中，充斥着很多“噪音”，这些“噪音”可

---

① 长安君. 2016. 当我们谈“雷洋之死”时，我们在谈些什么？ https://mp.weixin.qq.com/s?__biz=MzI0MjI0Nzc5Mg==&mid=2653852651&idx=1&sn=07c3dd83aee086929d6c26a6d17251e2&scene=0#wechat_redirect [2019-5-10].

称为新媒体舆情中的“伪舆情”，它们具有舆情的外在形态，但是并不是真正的基于“思想个体”的网民态度、意见和观点的表达。新媒体空间的信息传播具有传播范围广、观点多元化、情绪易极化、隐蔽性强、动态演化等特性。一些个体网民或者组织，其中也有部分是“僵尸号”和水军，通过论坛、微博、微信等多种新媒体平台，散布无中生有或者夸张曲解的不实信息形成伪舆情。必须明确的是，伪舆情也会引发真实舆情的反应，通常一个热点舆情事件中往往夹杂真真假假、虚虚实实的成分，有效识别伪舆情信息需要综合运用人工和技术手段，从而有助于廓清网络空间风气、认识真实的舆论场。新媒体伪舆情离不开网络谣言（online rumors）的作用，但其不等同于网络谣言。网络谣言指在网络中广泛传播的虚假、错误或未经证实的信息。网民将这些虚假或未经证实的信息视作真实、正确的信息进行传播接收、加工处理，并常由此产生各种心理和行为上的消极后果。谣言是引发伪舆情的动因之一，但是与伪舆情具有本质差异，前者可以产生真实的热点舆情效果，后者虽然也可以助推某些议题成为热点舆情，但在看似是热点议题的背后是单纯的虚假流量支撑或技术引发的舆情事件。对新媒体舆情进行研判的前提是掌握全面、真实的信息，在此基础上，才有可能针对舆情事件表象背后的真正问题进行处理。

一、新媒体伪舆情的主要内容

（一）“流量”舆情

在经历了新旧交接的媒体时代中“内容为王”或“渠道为王”的激烈争论后，流量为王几乎成为新媒体时代获得高关注度的基本论调。2016 年夏天，在美国大选的高潮期，特朗普的数字化运作似乎处于很大的劣势之中。毕竟，希拉里的团队充满了精英人才，并得到了以管理谷歌而闻名的埃里克·施密特（Eric Schmidt）的建议。特朗普的团队由布拉德·帕斯卡尔（Brad Parscale）管理，他以建立埃里克·特朗普基金会（Eric Trump Foundation）的网页而闻名，他坦言：“在 2016 年，你不需要有什么关于总统竞选的数字媒体运作经验，你只需要抓住利用 Facebook 的诀窍就行了。”[①]这个诀窍是什么呢？诀窍就是通过格言警句、鲜明观点等断言式表达彰显个人色彩，吸引绝大多数的

① Thompson, N. & Vogelstein, F. 2018. Inside the two years that shook Facebook—and the world. https://www.wired.com/story/inside-facebook-mark-zuckerberg-2-years-of-hell/ [2020-3-14].

流量关注，这种操作极大地助推了特朗普竞选总统的成功。2018 年 6 月 13 日，牛津大学路透新闻研究所（Reuters Institute for the Study of Journalism）在其网站上发布了《2018 数字新闻报告》，其中写到：由于假新闻泛滥导致的渠道或平台信用危机，社交媒体的新闻发布与获取功能正在被大多数调查者所抛弃，重要代表就是 Facebook，越来越多的人开始质疑 Facebook 上的新闻查阅、发布和分享功能，并转而使用更加私密的消息功能，诉诸人际对话渠道，来获取可信的新闻信息。对信息发布者来说，高流量意味着高关注，高关注意味着高主动权，因此促成了“流量”舆情的正当性。在国内，“流量”舆情并不少见，通常在娱乐文化领域出现得较为频繁。2019 年 3 月，潘长江因在综艺节目游戏环节中称不认识蔡徐坤被黑事件引发网民关注，但是其中黑粉进行的围攻谩骂并不能代表大多数网民对这件事的观点和意见，这只是部分同一性程度较高的粉丝群体的观点的集中表达，因为根据蚁坊软件舆情监测平台，蔡徐坤工作室声明的爆发节点有三个，@蔡徐坤同学了解一下、@腾泣鹤愚、@Team_K_珍爱 kun 三人均为蔡徐坤的粉丝，而正是这三位粉丝网民引爆了此次舆情事件。

（二）“非人为”舆情

“非人为”舆情是指目前人工智能软件或智能系统主导的舆情事件，这类事件的最大特点在于信源、关键信息的虚假性。人工智能进驻主流新闻机构，写稿机器人威胁到体育、金融领域的记者，智能机器人可以抢独家新闻。《华盛顿邮报》的自动化新闻写作使用的软件 Heliograf 可以对源源不断的数据分析整理后，把信息跟事先订制的新闻模板里的对应词句配对，然后组成新闻稿，发表在不同的平台。《纽约时报》采用的 AI 不但可以自动识别记者标注的标签语义，还可以管理读者评论区，迅速分拣整理读者评论，使读者更容易检索到自己感兴趣的评论并展开讨论，或者避开不相关的留言。BBC 的人工智能机器人在不断进化中，已从辅助记者查询信息、分类归档等功能相对单一的设备发展为具有内在智慧逻辑并能实现信息个性推送的智能终端。国内方面，新华社、人民日报、南方都市报、腾讯财经、今日头条等纷纷引入的智能机器人，在体育、财经甚至民生新闻领域都已崭露头角，“快笔小新”、“小融”、“小南”、Dreamwriter、“张小明”等机器人的基本工作模式就是基于机器学习算法，对数据进行深度分析，发掘重要的消息和事件，并用自然语言进行表达输出。关于智能机器人深入影响我们日常生活的新闻和事实已屡见不鲜，舆情领域也不例外。

众所周知，舆情的形成和演变非常依赖信息内容本身及其传播特质，假如这些信息本身就是不存在的虚妄之谈呢？那么舆情热度和信息内容本身的关联就另当别论了。2019 年 8 月 20 日，澎湃新闻编辑了一条《郑永年接受人民日报采访：断水就可终结香港乱局》的新闻引发网民热议。这条新闻断章取义、片面吸睛，可谓是典型的假新闻，但是后又被刊发在人民日报微信公众号，最后被多家网络和社交媒体转发，导致新加坡国立大学东亚研究所所长郑永年教授不得不为自己发表声明，指责了该标题的严重歪曲取向。而这种典型假新闻的撰写逻辑和框架正在被人工智能学习。艾伦人工智能研究所在 2019 年 6 月公布了一个能模仿各个新闻网站和记者风格并生成假新闻的平台——Grover。任何人都可以在 Grover 生成器页面填入标题、作者名称、新闻媒体来源、发布时间等，很快一篇假新闻就新鲜出炉了。Grover 的设计目的是要识别假新闻，而有效识别假新闻的方法是先学会制造假新闻。假新闻并不是一个新话题，媒体不发达时代的无稽之谈、小道消息和谣言以及传统媒体时代的假新闻都层出不穷。当前更是因为有了智能机器人的加持，假新闻更为盛行，在媒体不发达时代和传统媒体时代假新闻引发的公众讨论、参与和"AI+社交"的新媒体时代俨然有着天壤之别，不管是在假新闻的生成数量，还是在其影响的广度和深度、扩散路径等方面差异都十分明显。用 AI 识别假新闻目前依然处于研究者们的设想中，起码在国内，尚无科学的方法识别 AI 假新闻。

二、新媒体伪舆情的识别方法

目前，很难通过某单一方法识别伪舆情，对于个体而言，不盲目从众、避免被动站队地参与到热点事件中，需要对舆情信息的真伪进行识别，而这离不开人的常识或专业判断和大数据算法的辅助。

（一）识别伪舆情的传统方法

一则消息，一般包含以下若干要素，即时间、地点、人物、事件起因、经过、结果。对于很多没有新闻职业素养的普通网民来说，虽然在社交媒体上发布或辨别信息要完整涵盖上述要素过于苛求，但是某些伪舆情信息还是可以通过这些要素进行互证判断的。

1. 信源的可信性

在很多伪舆情事件中，首先要辨别信源的可信性，换言之，需要对信源本身是否值得转发、评论和点赞作出判断。在海量信息中，假新闻会比真相传播得更广泛，因此影响更深远。一家科学杂志公布的一份研究报告显示，在当下的社交媒体中，真相的传播力无法与谣言相抗衡。该项调查选取了 2006 年 9 月至 2016 年 12 月这 10 多年间 300 万用户在社交网站 Twitter 上发布的 12.6 万条消息进行研究，发现在每一个项目的比拼中，假消息都胜过了真相——传播更快、更广、更深入人心[①]。在判断信源的可信性时，署名与否、总发文数、已发文内容、观点倾向都可以作为判断依据。

2. 信息内容的常识性

有些引发网络舆论场的爆点舆情根本不符合常识，但是依然吸引数量庞大的网民关注，根本原因在于很多网民基于或情感或道德或经验等的心理判断，而恰恰忽略了根本的常识判断。某火锅餐馆一天接待 8 万人、多地同时发生儿童器官买卖等很多不符合基本常识的假新闻成了新媒体空间的幽灵，而有的新闻隔一段时间就会复活一次，并且有的还会附带有图、有视频的“证据”。

3. 虚假舆论的偏向性

当前虚假舆论既存在于传统媒体，但更多地产自自媒体平台。个人公众号、直播空间、短视频等自媒体范畴不断拓展，在经历了初期发展的懵懂之后，自媒体开始进入“裂变期”，与此同时，蹭热点、数据造假、不辨真假、以讹传讹等种种乱象也随即出现。虚假舆论的偏向性是指不少动机不良的传播者蓄意发布某些不实信息，可能给政治、社会或当事人带来意想不到的恶劣后果，比如加剧道德行为失范、危害公共安全、引发恶性行为的模仿效应。

（二）算法支持下的伪舆情识别方法

1. 优化决策树识别伪舆情

决策树是数据挖掘中的有效方法，它是用属性作为节点、用属性取值作为

① 李怡清. 2018. 社交媒体信息传播调查：假新闻比真相快 6 倍，假政治新闻尤甚. https://www.thepaper.cn/newsDetail_forward_2023141_[2020-3-13].

分支的树型结构。通过决策树对新样本属性值的测试，从树的根节点开始，按照样本属性的取值，逐渐沿着决策树向下，直到树的叶节点，叶节点表示的类别就是新样本的类别。相比于神经网络、支持向量机（Support Vector Machine，SVM）等其他智能算法，决策树方法的突出优点是可以抽取可读性规律，在准确分类的同时建立对客观规律的认知，对关于伪舆情发展规律和相关背景的研究极为有利。赵静娴进一步将基于组合优化决策树（Combined Optimization Decision Tree，CODT）算法的伪舆情识别模型建立步骤归纳为：①建立伪舆情指标体系，搜集并整理数据；②将数据按一定比例随机分为训练集和测试集；③升序排列属性值，以边界点属性值为切点分割属性集合，合并临界点及少数点区间，进行不一致度检验，得到最终的离散切点集合，使连续数据离散化[①]。

2. 基于支持向量机的识别方法

支持向量机是弗拉基米尔·纳乌莫维奇·万普尼克（Vladimir Naumovich Vapnik）等提出的一种基于统计学习理论的方法，通过学习自动寻找那些对分类有较好区别能力的支持向量，并将这些向量映射到更高维的空间，在这个高维空间中建立一个间隔超平面，再通过该超平面把不同数据区分开来。支持向量机方法得到的分类器分类准确率较高，因此目前在新媒体舆情信息分类、热点发现和特点识别中运用较为广泛。但有研究表明，对于半结构化数据，当其数量极大时，支持向量机的分类精度和效率会受到一定影响。

三、舆情算法化带来的风险与调适

当前对新媒体舆情的研究分析主要依靠案例分析和仿真实验，通常来说，这两种方法都离不开一定的数理模型和算法构建。新媒体舆情作为社会控制的一种手段，一方面可以利用算法显示出强大功能，但另一方面也会存在一些风险，需要相应地予以调适。风险表现在：①数字利维坦[②]带来的舆情算法的盲目科学观。在“摩尔定律”自 1965 年开始逐渐展示威力的过程中，数字利维

① 赵静娴. 2015. 基于决策树的网络伪舆情识别研究. 现代图书情报技术，（6）：78-84.

② 利维坦（Leviathan）原为《圣经·旧约》中记载的一种海上怪兽。作为上帝在创造天地的第六天创造的两个怪物之一，利维坦鳞甲坚硬，牙齿锋利，口鼻喷火，腹有尖刺。数千年来，在基督教世界中，利维坦一直是“上帝所创造的恶魔”。英国哲学家托马斯·霍布斯（Thomas Hobbes）在其名著《利维坦》中将之指代为强势的国家（政府）。

坦（或者技术利维坦）也开始裹挟我们向数字化方向突飞猛进，数字利维坦往往会导致人们对数据分析结果的客观性、科学性的盲目崇拜。②非结构化数据给舆情预警监测带来的影响与误判。就目前而言，大量的舆情算法偏向于对文本内容进行监测和分析，但在一定程度上，这并不能客观全面地反映网络空间中意见和态度的多样化表达。不少舆情指数或舆情监测软件会将网民的态度和意见划分为正面、负面和中性，但这三种归类主要是基于结构化数据，有大量的表情包和语气词等非结构化数据并未进行有效归类。③伪数据带来的算法失灵。2016年，美国大选中一些AI账户伪装成普通用户出现在Twitter、Facebook等社交平台上，通过程序设定散布片面的或者错误的政治信息，从而达到诋毁政治对手、影响公众舆论的目的。社交平台上的播放量、评论、弹幕等都可能是伪数据生产的重要领域，一般有两种生产方法——人工和机器自动生产，根据这些看似“真实”的数据建构舆情演化模型进而得出所谓的“规律”很难说有多大价值。

浸淫于大数据时代，我们无法逃脱这种既定现实，因此如果设想回到依赖传统舆情监测和研判方法的前网络时代一定是不可能的。关于如何在认识到当前舆情算法化带来的风险之后探索可行且可靠的路径，我们或可在以下几方面努力：第一，完善法律法规，从法治层面提高舆情“纯度”。国家互联网信息办公室于2017年10月1日起施行的《互联网跟帖评论服务管理规定》中明确提出跟帖评论服务提供者应当严格落实主体责任，“按照‘后台实名、前台自愿’原则，对注册用户进行真实身份信息认证，不得向未认证真实身份信息的用户提供跟帖评论服务”。对新闻信息提供跟帖评论服务的，应当建立先审后发制度。[①]这类法规的目的在于推动网站负起管理责任，当好跟帖评论的“把关人”。这样的法规能约束一些网民使其不再信口雌黄，但是也容易矫枉过正，因此，探索和完善能够保障新媒体舆情合理表达的法律法规依然有很大空间。第二，用技术“驯化”技术。AI 可以批量生产文本，炮制假新闻，快速刷评论。该如何揪出冒充人类的AI呢？麻省理工学院和IBM共同建立的MIT-IBM沃森人工智能实验室（MIT-IBM Watson AI Lab）的研究人员想到了用AI识别 AI。第三，提高舆情从业人员的素质和水平。舆情分析师需要有很高的专

① 国家互联网信息办公室. 2017. 互联网跟帖评论服务管理规定. http://www.cac.gov.cn/2017-08/25/c_1121541842.htm [2020-3-14].

业素养、职业素养和科学的严谨精神，而目前该行业对人群依然没有特别限制。兼职学生、网站职员、在职的高校教师或媒体人士、宣传部门的工作人员等都有涉足，而“急训式”培训虽然在短时间扩宽了部分人员的舆情知识面，但是很难说通过培训就可以成为一名合格的舆情分析师。

第七章　新媒体舆情的回应与引导

新媒体舆情是一门专业性很高的学问，重视舆情是为了解决问题，而非解决舆情本身。舆情回应与引导不仅需要对纷繁复杂的新媒体舆论有清晰的认识，对政治、经济、文化和社会多个领域的热点议题背后的规律有一定的解读能力，还需要具备非常高的政治素养和媒介素养。只有在这些基础之上，才能有效地处理舆情事件。

第一节　新媒体舆情回应与引导的指导原则

不管对于政府运作还是企业管理，新媒体舆情的回应与引导都是一项综合性要求非常高的工作，这项工作需要遵循恰时性、有效性、适度性三个基本原则。

一、恰时性原则

新媒体舆情有不同议题，人民网舆情频道将当前舆情主要分为政务舆情和企业舆情，其舆情分析师专栏又将其分为食品舆情、教育舆情、医药舆情、金融舆情、能源舆情等，根据舆情性质、影响程度、涉及范围等因素可以将捕捉到的各种舆情信息划归为一般舆情、紧急舆情、重大紧急舆情三种不同的预警等级。2016 年 8 月，国务院办公厅印发《关于在政务公开工作中进一步做好政务舆情回应的通知》，强调对涉及特别重大、重大突发事件的政务舆情，要快速反应、及时发声，最迟应在 24 小时内举行新闻发布会，对其他政务舆情应在 48 小时内予以回应，并根据工作进展情况，持续发布权威信息[①]。人民网舆情监测室根据突发事件的舆情生成和发展规律，提出了“黄金 4 小时”之说，即在事发 4 小时内，利用微博、微信、BBS 论坛、QQ 群等新媒体传播平台，

---

① 国务院办公厅. 2016. 国务院办公厅关于在政务公开工作中进一步做好政务舆情回应的通知. http://www.gov.cn/zhengce/content/2016-08/12/content_5099138.htm [2020-3-18].

及时有效地发布信息，避免事态进一步歪曲或恶化。相对于传统媒体时代舆情处置的“黄金 24 小时”，社会化媒体为主要代表的新媒体环境中，政府、企业或媒体的信息发布是否及时、准确、真实，采取的处理措施是否有力、有效，成为平息事件、安抚公众情绪的关键因素。

在谈及新媒体舆情回应与引导的原则时，我们通常会认为“第一时间”“及时”“先声夺人”是妥善处置的应有之义。在“唯快不破”的新媒体传播中，对回应与引导的时间要求是没错的，尽早介入可以避免不当言论或信息先入为主的恶劣影响，把握舆论的主动权、事件处理的主导权，将舆情应对处置工作关口前移，把负面影响阻止在萌芽状态，在舆情信息上升为舆情事件之前抢占引导工作的先机。但是一定要全面看待“及时性”的含义。“及时性”有两个前提：一是尽量做到弄清楚事实后再进行回应。第一时间表明态度是必要的，但是在没搞清楚舆情事件的性质和责任的情况下急于表态，后期挽回的成本将会翻倍，并且效果也不佳。二是口径统一，权威信息发布不能“声出多门，门门不一”，否则会造成回应与引导阶段的更加被动的状态。考虑到这些因素，笔者将融合及时性和全面性的原则称为“恰时性”原则，不是在某一事件刚发生时“为了及时而及时”地进行回应，而是要考虑是否回应、何时回应、由谁回应、如何回应、通过什么方式回应等问题。

二、有效性原则

舆情回应与引导的终极目的就是让舆情事件实现“软着陆”，解决或缓解舆情事件中的问题与矛盾，换言之，就是新媒体舆情回应与引导要秉承有效性原则。但现实运作中，存在诸如象征性回应、敷衍性回应、模板化回应等现象。衡量是否符合有效性原则有两个维度。

一是价值维度。价值维度在回应和引导主体的工作实践中有决定性影响，公众在网络与新媒体空间反映的现实问题是否得到有效解决是衡量回应与引导价值的重要维度。新媒体舆情是政府了解社情民意的窗口，但很多情况下，政务媒体、商业媒体、网民自媒体等平台在信息发布和表达诉求之间存在话语错位问题，新媒体舆情有时候并不能准确反映主流价值理念，所以应该以更加宽容、开放的态度看待普遍性的舆情偏差。在网络的公共领域中，具有批判意识的公众的存在非常重要，所以不应该惧怕网络上合理的批评声音，在某种程度上，公众对事件的关注和批评正是其参政议政的重要部分。

二是效果维度。效果维度用来检验新媒体舆情回应和引导水平的高低，主要包括回应与引导的针对性和精准性。效果维度也可分为中长期效果、短期效果。就目前而言，不少新媒体舆情回应和引导的主体极为看重其短期效果，把舆情是否在较短时间内平息视为舆情处置是否成功的重要尺度。比如，片面地使用删帖、屏蔽等技术手段处理网民意见，以这种方式应对舆情会产生很多不良后果。从表面上看，舆情事件似乎“解决”了，但现实中的问题和矛盾如果没有妥善处理依然会伺机爆发。

三、适度性原则

适度性是指涉事主体在新媒体舆情回应与引导中话语、态度、方式等方面的行为程度问题。特别是在突发事件发生后，牵涉多个利益方的相关情况还在调查过程中，面对汹涌的舆论风潮，有些涉事方希望尽快平息舆论，在公开表态时不留余地，等到问题调查清楚之后，需要再次针对之前的言论重新表态，这对官方的公信力、权威性都有损害。例如，2015 年“8・12 天津滨海新区爆炸事故”，在事故发生后，许多网民相继在各个新媒体平台上传了与爆炸相关的视频、音频、图文信息。由于事故的严重性和现场的视觉冲击性，有网民甚至将爆炸现场的照片与第二次世界大战中日本广岛和长崎的原子弹爆炸现场照片进行对比，并迅速吸引了数量庞大的网民参与讨论、扩散，使这一舆情事件在网络空间的热度一路攀升。国内经过微博、微信等新媒体的快速传播，很快成为全国性热点突发事件；国外的 CNN、BBC 等主流媒体也加入到这一事件的报道中，进一步引发了国际舆论热议。亿万网民在期待官方回应结果的时候，却等来了更强烈的舆情次生危机。正面案例则是，2017 年红黄蓝幼儿园虐童事件中，老虎团政委冯俊峰回应记者提问时特别强调：“从目前调查情况看，部队和此次事件没什么关系，但这个调查也是初步的。下一步，我们还将继续进行调查。”[①]因为当时整个事件还在调查进程中，所以这样的回应就给后续回应留下空间，不至于让网民存有军方盖棺论定的怀疑。总之，新媒体时代的舆情回应与引导的适度性原则要求以事实为基础、以数据为支撑、以公开为取向。

① 刘志华. 2018. 政务舆情回应如何把握语言分寸感？http://www.myzaker.com/article/5af40bf5a07aeccd2a000226 [2020-3-14].

第二节　新媒体舆情回应与引导的误区

当前，新媒体舆情回应与引导的误区主要有如下四种具体表现。

一、信息供需错位

在具体的舆情回应与引导中，由于定位、角色不同，政府、企业等机构的信息公开与公众需求存在不对称的情况。例如，在负面舆情发生后涉事主体需要查清相关情况，并且一般在机构内部还存在信息传达层级的问题，信息传达发布的流程时长与网民急切想在短时间内了解事件相关情况的心态发生冲突。

2019 年 4 月 24 日，《昆明日报》刊登了《中央扫黑除恶第 20 督导组下沉昆明开展督导工作》一文，“报道称，中央督导组进驻云南省期间，昆明市加大工作力度，打掉了孙小果、涂力军等一批有影响的涉黑涉恶犯罪团伙”。[①]同一天，网名为“大石头”的帖主在云南本地的互动社区“彩龙社区”中发布一个帖子，标题是“大快人心！昆明恶霸孙小果、黑社会老大被铲除”，并且将孙小果的名字放在标题小括号中特别标注“中国十大恶人榜首”，将孙小果案中可能存在的显赫家庭背景、权力寻租空间一一列出。此后《新京报》及其旗下微信公众号“剥洋葱 people”、《澎湃新闻》、《南方人物周刊》、《云南法制报》等主流与新兴媒体纷纷介入该事件，最终引发了全国网民的广泛关注。虽然 5 月 17 日，昆明市扫黑办通过客户端、微博等多个新媒体渠道首次就舆论猜测进行了回应，但是“省市有关部门已对孙小果所涉犯罪、相关判决及刑罚执行等问题正在开展调查和审查工作，对存在涉黑涉恶腐败和‘保护伞’，以及其他违法犯罪行为，将一查到底、绝不姑息，依纪依规依法严肃处理。相关情况将适时向社会公布”[②]的回应并未满足公众的信息需求，部分网民依然在论坛、微博等社交平台上表达愤怒和不满，认为通报发布没有实质性内容，要求给出答案。此外，该事件发展过程中官方回应的及时性问题也值得深入剖析。虽然官方也利用新兴媒体平台进行了回应，但是在将近一个月的时间内，没有发布任何权威信息，这给谣言传播和不实猜测提供了发酵的土壤。

---

① 彭渝. 2019. 昆明打掉孙小果涉黑涉恶犯罪团伙，当事人 21 年前曾被判死刑. https://www.thepaper.cn/newsDetail_forward_3342566 [2020-3-14].

② 佚名. 2019. 昆明市扫黑办：孙小果案将一查到底 绝不姑息. http://society.yunnan.cn/system/2019/05/17/030279103.shtml [2020-3-14].

这里强调的及时性并不等于在事件未查明之前，只是为了及时而“及时”，就该案来说，案情年代久远、涉及关系复杂，又要办成经得起历史推敲的“铁案”，肯定要慎之又慎。“大石头”在爆料帖中虽然以《南方周末》的一篇专业新闻报道作为支撑材料，但是文中多处使用“传闻”“可能是真的”的表述，还转载了知乎上一条“八卦”，内容也多处涉及“听说”“原因是什么就不说啦”等，言辞之中给他人极大的想象空间。事实证明这篇帖子确实有不实信息，但是对于其中的谣言部分，官方是相对容易澄清的，比如后来证明其生父并非位高权重的神秘人物。如果在舆情发酵过程中能够及时公布可以公布的事实性信息，新媒体舆情的回应与引导会向更加良性的方向发展。

二、“鸵鸟式”处理

面对汹涌而来的网络舆情，某些部门或机构的态度首先是视而不见，这种“无反应”的鸵鸟行为产生的最直接不良后果就是引发公众的更多质疑，其次是给谣言传播提供空间。在一些舆情事件中，在网络上不实信息出现的早期阶段，相应部门对此缺乏敏感度，保持沉默应对，权威、真实的声音缺失必然导致不实信息的泛滥，进而导致现实公众的不满或恐慌。2018 年集中爆发的武汉理工大学研究生跳楼自杀、北京大学前教授被指性侵等事件在国内舆论场掀起不小波澜，一时间这些高校都被推上了风口浪尖。而不同高校的处理方式有所不同、反应速度也快慢不一，公众评价自然不同。那些最初以鸵鸟姿态回应舆论的高校最终未能实现很好的舆论引导，反而陷入很不利的被动局面。

三、“象征性”回应

在负面舆情发生后，随着网络声音持续加大，相关方回应的“通报体”“领导很忙体”都成为象征性回应的典型方式。相对而言，政府部门的公文语言具有严谨、凝练、全面的特点，与媒体语言、网络语言存在很大差异，但是在回应与引导舆情事件时，应当要考虑到公众普遍的信息需求，改变僵化、套路性的表达。政府在引导新媒体舆情的过程中，与网民应是一种平等对话的姿态，真诚倾听网民的意见和建议，了解涉事主体的实际困难和现实问题，避免官话、套话、假大空话，才能赢得网民的理解，取得真正的共识。

四、“过激性”反应

在舆论高压态势下，部分地方政府应对负面舆情时，理念、方式都呈现出过激的特点，例如有的直接限制或干预媒体进行正当采访报道，有的过于警惕，发现网络上但凡有敏感信息立即处理，但处理方法明显不当。这些方式意图弱化事件在网络与新媒体空间的扩散势能，反而加速该事件的发酵，使网民产生逆反心理，进而升级原生舆情，增加了后期舆情引导的难度。2017 年 8 月 19 日，河北省邯郸市涉县警方接到关于有人在百度涉县贴吧、搜狐网、微信群等平台传播以“涉县新医院餐厅质差、价贵、量少，还是人民的医院吗？”为标题的帖子的警情[①]，接警后，该所“行动迅速”，很快查明信息发布者张某发布该信息的动机，其 6 月初在医院就诊期间，因觉得饭菜一般就在网上发布了这篇帖子。警方认定张某涉嫌虚构事实，扰乱公共秩序，对其进行了行政拘留的处罚。这引发网民纷纷质疑：作为普通消费者连“差评权”都没有了吗？在舆论的巨大压力下，邯郸市公安局派出工作组进行调查，认定涉县公安局原处罚决定“适用法律不当”，责成撤销，并责令派出所向当事人赔礼道歉。“过激性”的舆情回应与引导的行为动机最终还是认知偏差、机制不完善等导致的应对危机舆情的信心不足的结果。

五、“噤声式”应对

“噤声式”应对是指舆情当事方将平息网络舆情视为解决问题，隐藏转发、筛选评论、发动水军制造“虚假共识”。一些舆情监测公司在这种“噤声式”应对中扮演着共谋角色，有的甚至在自己的网页上明确写有：舆情导控以技术导控手段为主，资源为辅。具体手段主要包括监测、分析、引导，还包括压制（让负面信息沉入海底，让正面信息浮出水面）、删除（针对虚假恶意信息，采取合法手段第一时间灭火，防止火势蔓延）、屏蔽（针对虚假恶意信息，以技术手段及时处理）。虽然一些舆情监测公司强调针对虚假恶意等信息采用合法手段处理，但是压制、删帖俨然成为其帮助当事方应对舆情发酵的重要手段，这种做法目光短浅且隐患无穷。2013 年 12 月 20 日，海口市公安局网警支队一大队原副大队长魏一宁因为受贿，被海口市龙华区法院一审判处有期徒刑 10 年。值得注意的是，魏一宁收受贿赂的主要原因是先后 280 多次帮助外地

① 刘经宇. 2017. 涉县一网民发帖吐槽医院餐厅被拘. http://m.xinhuanet.com/2017-08/20/c_1121510290.htm[2020-3-14].

网警删除关于当地政府机关的负面帖子。为什么外地网警纷纷向海口网警中的一个副队长行贿呢？刘素华认为原因在于，“知名的天涯社区和凯迪论坛总部，都设立在海口”。中国目前对互联网信息内容管理部门管辖按照“属地管理”原则，即违法行为发生地追究网站建立者、管理者、使用者所在地和网络接入地等的责任。“天涯社区多年位居全球最有影响力的中文论坛首位。按照网络属地管理的原则，海口市公安局对天涯和凯迪的网帖有处置权。”前后有 11 个地市的网警请求魏一宁帮助删除的，都是对政府有严重负面影响的帖子。一审法官在判决书中特别写道：“并非所有对政府具有负面影响的帖子均系违法或侵权的，根据法律精神和依法行政的要求，政府亦有接受社会监督的义务。魏一宁接受财物未经审批删除帖子的行为，事实上会削弱社会监督的效果，实际上是为帖子所指向的机关或单位谋取利益。”[①]从该事件可以看出，牵涉公权力的删帖行为已成为一条具有权力寻租性质的灰色地带。

第三节　新媒体舆情回应与引导的机制、策略

面对危机事件，政府回应一般有三种模式：其一是自我监督模式，重在自我评估、防微杜渐；其二是危机公关模式，重在化解矛盾，塑造形象；其三是舆论压制模式，重在封锁信息、屏蔽异见，甚至对批评意见的信源实行“打击、报复”。显然最后一种是最不可取的方法，虽然短期效果明显，但是相当于掩耳盗铃，在问题依然得不到解决的情况下，会进一步激化矛盾、强化对立。因此，本章内容强调“回应与引导”，而不是“应对与处置”，因为后者表述的理念依然停留在双方对抗、敌我矛盾的层次，看到网络负面舆情如临大敌，没有进行换位思考。换言之，很多舆情回应与引导的误区就在于认知理念的偏差，这种偏差必然会导致舆情主体陷入前述误区中。

一、舆情回应与引导机制建设

（一）舆情预警与监测工作常态化

舆情回应与引导机制建设首先是要将舆情预警与监测工作常态化，组建专门的部门和人员队伍，既可以在新闻宣传部门内部设置，也可以专门成立舆情

① 刘素华. 2019. 官员用公权打击网上不利言论属违法. https://mp.weixin.qq.com/s/JAgs8BUDhrxdVr0Y65YAEA [2019-7-2].

监测与研判小组，还可以借助第三方舆情服务提供者的平台，对主体单位相关的网络舆情进行日常跟踪。

（二）成立专家咨询委员会

成立专家咨询委员会的主要目的是在重大舆情事件发生后，在舆情监测的基础上，围绕舆情的走向进行研判，对已有的相关决策进行调整，建立危机风险防范和处置机制，减少舆论阻力，从而确保舆情回应与引导的科学性和有效性。

（三）设立权威官方渠道

目前，中国大部分政务新媒体都步入了矩阵建设的进程，微博、微信和客户端成为官方标配，在危机舆情发生后，对虚假信息、谣言等的澄清需要权威渠道进行信息发布。越是在重大突发事件发生时，官方权威渠道的发声越重要，网民很多情况下是因为听不到权威声音才相信了子虚乌有的信息，从而表现出非理性和情绪化的姿态。随着短视频成为近几年的新兴媒体，官方微视频账号也成为权威官方的重要渠道。此外，随着媒介融合的深化发展，党政机构的政务新媒体领域也借此打开了“矩阵化传播”的格局，这为及时回应社会关切提供了极大便利，也为抢占信息传播的“第一落点”、有效引导舆论提供了可能性。

二、舆情回应与引导策略

（一）基于政府主导的舆情回应与引导

基于政府主导的舆情回应与引导主要以提升政府治理能力和水平为切入点。政府主导意味着需要从公共政策的视角全面建构新媒体舆情治理的政策体系，以善治理念引导舆情，强调主要包括网民在内的公众参与其中。面对政务舆情中的突发事件，政府的回应与引导策略应该涵盖认知理念、源头治理、制度设计、组织机制、技术手段、法制保障等若干方面。简而言之，基于政府主导的舆情回应与引导的基本策略主要包括“线上+线下”联动、“硬性调控+柔性引导”组合、“引导+预防”并重等三种。

1.“线上+线下”的联动策略

促使新媒体舆情不断发酵和演化的信息来自不断变化的空间中，不论是线上言论还是线下行动都是多元主体依附在某一种时空特质中的动态呈现。目前很多的舆情事件都呈现出“线下发酵-线上动员”或者“线上发酵-线下动员”的特征，线上和线下是互相影响、互相推动的，一件不起眼的小事也可能会引发网络空间的舆论风暴。因此在舆情事件的回应与引导环节，妥善处置应该需要在线上、线下达成统一。但在不少的舆情案例中，个别组织或单位首先着眼的不是寻找舆情事件在现实社会中的根源和解决办法，而是将重点置于如何消除新媒体舆情本身。现实问题的解决是平息新媒体舆情的前提和根本，舆情在线上，但根源在线下，只有同步妥善处理线上线下舆情，而非片面噤声，才能达到最佳的舆情回应和引导效果。

2.“硬性调控+柔性引导”的组合策略

对新媒体舆情的回应与引导既需要硬性调控手段，也需要柔性引导。硬性调控主要是指在法律法规、政策文件的制定层面，明确刚性约束的边界。随着世界多极化、经济全球化、社会信息化和文化多样化深入发展，网络舆情成为不同价值观念交锋和利益诉求角逐的角斗场。例如，“在发生公共卫生事件的非常时期，一些对中国特色社会主义制度不满的人、一些唯流量是瞻的自媒体账号以及一些唯恐天下不乱者等基于不同目的和诉求，通过社交媒体发布关于疫情的很多不实言论，引发较为严重的负面舆情”[①]。此类不良或恶意动机的网络言论需要依法依规治理，《中华人民共和国国家安全法》《中华人民共和国网络安全法》《互联网信息服务管理办法》《网络信息内容生态治理规定》等都是重要的硬性依据。但是针对网络空间中的寻衅滋事、扰乱秩序、敲诈勒索、诽谤、虚假信息等依然存在法律界定不清的问题，法律法规被滥用、泛用之后导致的巨大争议大量存在。因此需要不断探索如何加强“硬性调控”的科学性和适用性。而柔性引导主要是指舆情发生后，涉事主体通过主动积极公开信息、邀请第三方发声、营造正面健康的舆论氛围等方式纾解舆论压力，政府、媒体和公众因应新媒体舆情的传播范围广、观点多元化、动员性强等特点，善于采用柔性技术、手段和方法协调与其他主体的关系。柔性引导在舆情回应和引导中具有极大的弹性和灵活性，因而与硬性调控相互配合、相互补充。

---

① 何国平，朱最新. 2020. 公共卫生舆情应对中的治理思维. http://www.chinanews.com/gn/2020/03-14/9124935.shtml [2020-3-14].

3.“引导+预防”的并重策略

当前中国社会既处在社会转型期，又处在社会风险期，各种矛盾和问题不断涌现，加上数字化的互联网传播技术，常迸发出难以预料的新媒体舆情危机。客观上看，舆情危机通过新媒体爆发是难以完全避免的，在突发事件发生后，提升政府舆情监测力和引导力，完善新闻发布机制，及时依法查处和惩治网络谣言等，无疑是新媒体舆情有效引导的可行性路径。因此，在关注新媒体舆情回应与引导的同时，更要注重预防，有效的预防措施可以提前预知舆情危机爆发的可能性，以及爆发的时间、地点、人群、影响力的范围大小等。此外，有效预防同样离不开对重要政策决策、重大改革措施、重大建设项目、重大活动赛事等重大事项开始前的舆评。人民网舆情数据中心最早提出“舆评”理念，舆评将重大事项涉及的舆论风险性、民意承受力、舆论抗压性及政府舆情处置能力等因素进行风险分析和评估，从而最大限度地减少负面舆情的产生。

（二）基于信息生命周期的舆情回应与引导

基于信息生命周期的舆情回应与引导需要遵循新媒体舆情演化的不同阶段的典型特征和规律。在第一阶段的萌芽期内，危机舆情只是零散分布在网络空间的边角落，或者作为可能成为新媒体热点舆情的共同话题“浮现”。这些社会事件或热点话题有的是已经经过一轮生命周期的循环，正处在平息期阶段，但是由于新刺激性因素的出现，有可能成为触发新的舆情爆点的危机事件或话题；也有的是突发的，未经传统媒体报道，率先由自媒体平台发布，在网络空间中传播进而引发广大网民关注。因此，该阶段内的回应与引导应该注重日常新媒体舆情监测与预警机制，着重对网站、贴吧、论坛、微信、微博等新媒体平台进行监测，一旦有哪些话题触发预警，按照及时、有效、合理三个原则进行处理。在萌芽期将存在的某些问题予以妥善解决是新媒体舆情行业的理想追求。第二阶段的发酵期最大的特点就是网络意见、观点的不断聚合。不同职业、不同年龄、不同地域的网民都被该事件吸引，由此形成由众多个人意见和言论构成的“舆情池”。该阶段内回应与引导的要点在于在鱼龙混杂的格局中将这些舆情信息进行归类聚合，分析主导型舆情和次级舆情，防止影响进一步扩大和蔓延，并把握主导和次级舆情之间发生逆转的可能性。首先解决主要矛盾，直面回应舆论关注的主要问题；其次，通过官方多平台发布权威信息，以正视听，避免陷入危机事件发生时“谣言漫天飞”的被动局面。通常情况下，如果没有爆发的高峰期做对比，很难判断出发酵期的边界。与发酵期相比，舆情第三阶段的爆发期主要体现出网络空间的人声鼎沸、群情激愤等特点，这种全网关注彻底将涉事主体拉入被动的行列。该阶段内线上意见很有可能引发线下群体性事件，因此爆发期的回应与引导要点则是谨慎发布信息，避免点燃新的导火索，让热议舆情尽快实现平稳回落，线上回应和线下处置同步进行。第四阶段的平息期的回应与引导依然重要。该阶段也是目前普遍认为的形象修复或善后阶段，某一舆情事件发展到这一阶段，会让涉事客体放松警惕。同时，网络上流行的关于“网民都是金鱼记忆”的言论也会影响到事件回应主体的判断，“既然网民都不关注了，回应和引导的意义何在？”，因此导致了诸多的误区。

第八章　新媒体舆情报告撰写

从舆情信息产品生产者的角度看，舆情信息产品可以分为三种类型：一是定期或不定期出版的资料类产品；二是指数或排行等数据类产品；三是数据库、咨询、业务培训等服务类产品。在所有的舆情信息产品中，舆情报告是舆情生产链中的核心产品，并且是针对性最强、客户较为注重的服务。舆情报告按照时间单位可以分为日报、周报、月报、季报和年报，按照舆情服务主体可以分为政务类舆情报告、企业类舆情报告、一般性社会类舆情报告，不同的报告在具体撰写中思路、侧重点、框架等都有不同。以下对报告分类和写作要点的描述，主要是基于一般规律，具体到针对某一客户的定制化报告，需要以客户提出的要求为依据。

第一节　舆情报告类别

一、按照分析时间划分

（一）日报

日报追求及时、简洁。一般而言，撰写者需要在当日将与某类或某个事件相关的信息进行整合、梳理。日报需要体现的主要内容包括事件爆发时间、爆发源、涉及主体、意见领袖参与度、媒体观点等，对该事件走向研判的整体性和全面性要求不是很高，但是有经验的舆情分析师应该可以从相对简略的舆情信息中判断其是否有扩大、发酵的可能性，从而对后期的回应与引导对策做出更好的研判。

（二）周报

按照当前新媒体舆情事件发展的一般规律，7 天为一个周期。单一舆情事件在一周时间内基本可以完成一轮完整的“潜伏—发酵—高潮—回落—平息”

的生命周期，因此就单一舆情事件来说，周报中应包括事件回顾、传播路径、媒体观点、网民观点、回应与引导举措、应对评估与建议等环节。如果不是针对单一事件，而是普遍的热点事件，则可简单地将过去一周的舆论关注焦点按照不同类别进行呈现即可。

（三）月报、季报

月报、季报都是从较长的时间尺度分析各类舆情内在规律的报告形式，这两类舆情报告既可以侧重解读重大舆情事件、舆情特点、传播规律等，也可以对该时间段内发生的某一领域的热点事件进行汇总。例如，慧科讯业（北京）网络科技有限公司平台发布的月度资讯报告，按照金融、时尚/奢侈品、日化/美妆、食品饮料、汽车、地产/家居等类目，在相应的月度资讯报告中呈现了该领域的热点事件、巨头动态、政策动向、战略合作等内容。如果说日报、周报要求的是舆情服务主体的快速反应，月报、季报则是在中短期的时间轴上进行监测、分析、研判、总结、预测。月报、季报抽离了具体的单一舆情事件，通常包含月度、季度等时间单位内发生的所有舆情热点，通过对比、分类、综合进行整体研判。

（四）年报

年报周期长、涵盖内容广，主要分析年度热点舆情的总体特征和一般规律。年报在对过去一年的热点事件梳理的基础上，更加注重从宏观层面上为舆情服务主体提供顶层设计、重大决策制定等方面的智力支持，如人民日报出版社出版的《中国社会舆情年度报告》、人民网近十多年连续发布的年度中国互联网舆论场发展研究报告、新华网发布的年度《社会热点事件网络舆情报告》等。此外，还有专门针对具体领域的年度舆情报告，如政法舆情年度报告、企业财经年度舆情报告等。

二、按照舆情服务主体划分

（一）政务类舆情报告

政务类舆情报告主要反映政务服务的社情民意和舆情动向，报告内容主要是梳理并呈现政务服务中的舆情热点、党和政府方针政策的实施及反馈、官民关系等相关信息。政务类舆情报告不仅需要关注境内媒体网站和自媒体平台上的网民对中国政务服务的态度、意见和评论，也需要关注境外媒体和网民对此的相关评价。伴随中华民族伟大复兴的进程，中国话语在国际社会中的地位不断提高，中国政务也备受全球瞩目，因此全面视角、立体层面应该成为政务类舆情报告的重要组成部分。

（二）企业类舆情报告

企业是订购舆情服务的重要客户之一。随着网络舆论环境的复杂和多变，网络空间成为企业“爆雷”的主要平台，并很可能因为后期处理不当直接让企业倒闭，甚至还会影响到所在行业及其相关行业，国有企业、民营企业等都可能因为一些负面舆情而陷入极大的被动局面。因此，企业目前是舆情服务市场的重要客户来源。

（三）一般性社会类舆情报告

一般性社会类舆情报告主要是公开发布的。如果说政务类、企业类舆情报告有明确的客户指向，那么这类舆情报告的订阅者比较复杂，并且涵盖范围非常广泛，所有关注、关心时事热点的管理者和普通公众都是它们的客户。一般性社会类舆情报告的选题也较为广泛，与公众衣、食、住、行等相关的所有网络热点都可以成为分析的议题。

第二节　舆情报告评价与基本内容框架

舆情报告一般由五部分内容构成：事件概述、舆情演化趋势分析、重要观点和节点分析、舆情回应与引导评估、总结与建议。当然，针对具体问题时这些内容可以进行适当调整，例如日报包含的内容就相对简略得多，并不需要“面面俱到”。

一、优秀舆情报告的必备条件

判断一份舆情报告好坏需要评价该报告是否具备以下条件：是按照时空轴作出的演化趋势还是简单的流水账式的呈现，是孤立的信息排列还是关注了关键节点之间的勾连，是笼统的数据罗列还是挖掘出了数据背后隐藏的信息，是粗糙的分析总结还是精准的决策辅助，等等。这些条件可以简化为以下三项。

（一）客观全面，实事求是

新媒体舆情不能完全等同于社情民意，某种情况下两者之间可以产生“同步共振”的效果，通过新媒体舆情可以窥见当前社会大众真正关心的重要议题。但通常情况下，社情民意往往会溢出新媒体舆情的边界。因此，新媒体舆情报告更需要遵循客观全面、实事求是的基本原则，该原则同时也是一份优秀舆情报告的必备条件。

（二）针对性强，专业化程度高

大数据时代的舆情监测对针对性提出更高的要求，为客户提供定制化舆情服务成为当前诸多舆情服务提供者们的营销亮点。这类“专项舆情分析报告”通常针对某一重大突发舆情事件或正面宣传事件，实行7×24小时实时监测，并通过定量定性分析、抽样统计、归纳对比等手段，提供给客户有很强针对性的回应与引导建议。

（三）要素完备，重点突出

舆情报告的要素也是其基本框架内容，包含事件概述、舆情演化趋势分析、重要观点和节点分析、舆情回应与引导评估、总结与建议等五大部分。一份优秀的舆情报告通过对这些基本要素的呈现可以相对全面、完整地“还原”某事件在网络空间的发展演变过程，但是不同舆情报告的侧重点不同，对这些要素的描述应该做到详略得当。一般而言，日报重点需放在事件概述、舆情演化趋势分析、重要观点和节点分析部分，周报需在前者基础上注重舆情回应与引导评估，月报、季报和年报等基于相对长时段的舆情分析报告应该简化事件本身的描述，更加侧重经验总结、对策建议的提出。

二、基本框架

（一）事件概述

舆情报告的第一部分是事件概述，该部分内容主要包括时间、人物、地点、事件、进展等要素，在撰写中应该尽量做到客观、简洁、凝练，且要点突出。事件概述部分有两种写法，第一种就是简要论述事件的发生发展过程。例如，知微事见中收录的“杭州保姆纵火案”舆情事件的概况部分就非常典型：“2017

年 6 月 22 日凌晨 5 时 07 分，杭州上城区鲲鹏路绿城蓝色钱江公寓 2 幢 1 单元 1802 室突发火灾，一名母亲和 3 名年幼的孩子，经抢救无效死亡。经初查系人为纵火，该户保姆有重大作案嫌疑，已被控制。”[①]第二种是按照时间顺序相对详细地回顾事件的发酵过程。同样是“杭州保姆纵火案”，鹰眼舆情观察室在第一部分的事件回顾中这样写，如图 8-1 所示[②]。

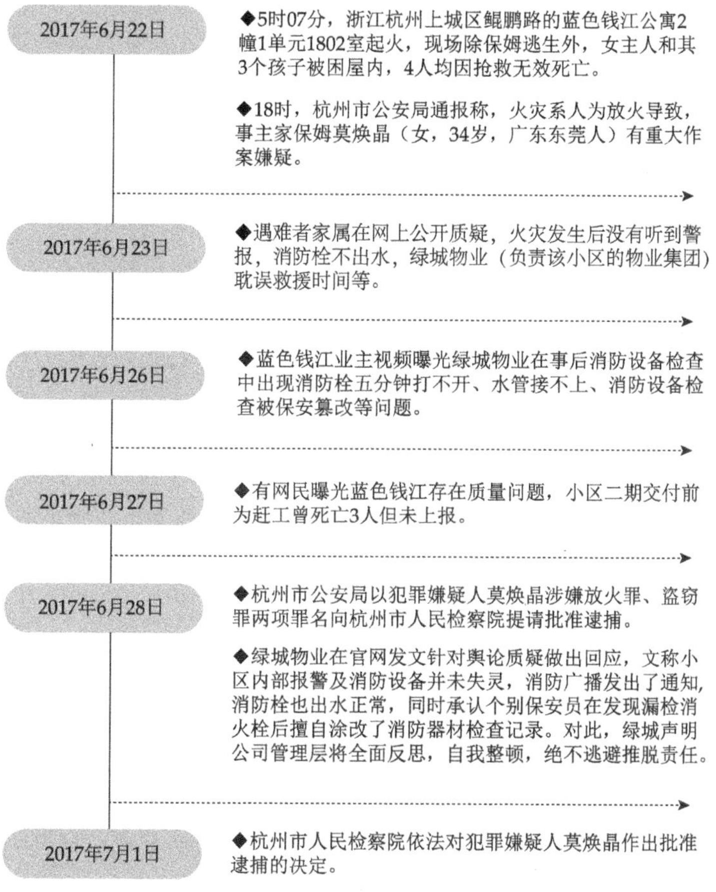

图 8-1　鹰眼舆情观察室“杭州保姆纵火案”事件回顾

鹰眼舆情观察室运用可视化的方式将上述事件回顾进行编排，在视觉效果

① 知微事见. 2017. 杭州保姆纵火案. https://ef.zhiweidata.com/event/e0b9d2c81a6a2d9a10000605/profileV2 [2020-3-14].

② 鹰眼舆情观察室. 2017. 杭州保姆纵火案. https://www.eefung.com/hot-report/20170707153659/[2020-3-14].

上同样清晰、简洁，并且也非常适合在移动端的媒体平台上浏览阅读。

（二）舆情演化趋势分析

舆情演化趋势分析需要监测到从首发媒体发布信息到舆情平息的整个传播路线图。舆情的演化趋势分析可分为基于平台的关注趋势、基于地域的关注趋势，这两者都是以时间尺度为参考的。目前，很多的舆情分析平台都会提供多渠道综合与分平台的演化趋势图，例如百度指数中的PC搜索指数和移动搜索指数，谷歌趋势（Google Trends）中的“桌面设备+移动设备”。还有一些舆情分析平台会聚焦于单一平台的演化趋势，比如今日头条指数针对的是今日头条平台上用户的阅读、分享、评论等行为数据，还有微信指数是基于包括微信搜索、公众号文章及朋友圈转发的微信大数据进行的趋势分析。上述这些指数都可以根据关键词得出相应的舆情演化趋势，除非该关键词热度不足或者敏感未被收录。而一些专职提供舆情监测服务的软件平台也会有自己的数据库，舆情演化的趋势差异主要与监测平台和数据收录差异密切相关。在舆情演化趋势的写作部分，撰写者可以综合参考多个指数的趋势，对于很多热点事件来说，一般而言总体趋势和分平台发展走向趋于一致，但也存在错位的情况。

（三）重要观点和节点分析

谁在关注？关注什么？这涉及两个问题，一个是关注的人群的画像，包括地域、性别、年龄、职业等的分析。同一人群相对具有更强烈的情感共鸣和较强的动员性。另一个是关注的话题内容。这里涉及重要观点的分析，舆情报告中的热词图、倾向性分析、中外媒体观点排名、文章热度排名、专家观点等都属于重要观点和节点分析的内容。总的来说，普通网民观点、主流媒体观点、意见领袖观点大致可以分为正面、负面和中性三种情感取向，舆情报告中对重要观点情感的呈现既可采用先全面梳理观点后分类综述的方式，也可以直接将典型性言论直观呈现。重要观点的分析也可以按照微博、微信、论坛、博客等多平台进行对比分析，以便在后期的舆情回应和引导中更具针对性。比如，微博作为开放性的社交平台，相对于相对封闭的微信平台来说，一些观点、言论的表达显得更为激进、情绪化，那么回应与引导的侧重点应该区别对待、具有针对性。

（四）舆情回应与引导评估

舆情报告一般还应包含舆情回应与引导的评估内容，特别是对政府主导的舆情事件，需要评估政府议程、媒体议程、公众议程的共振与差异。在突发事件、公共事件发生后，需要考察政府的重要举措与媒体报道、网民观点之间的关联性，进而评估回应与引导的效果。这部分是整个舆情报告非常重要的组成部分，一方面可以扬长避短，积累实战经验，避免同类回应与引导失误再次发生；另一方面有利于促进舆情事件回应与引导的倒逼机制建设。近年来，舆情回应与引导不当的案例时有发生，我们也经常见到正面案例。我们需要对每一次的具体舆情事件的回应与引导进行效果评估，才能对比发现良好效果达成的关键维度。

（五）总结与建议

舆情报告的最后一部分是需要从案例中提炼、总结一般性规律，需要关注舆情演化过程中出现的异常特征，特别要对舆情回应与引导的不当提出合理建议。换言之，舆情报告这部分是前述内容的升华。

第三节 舆情报告中的可视化运用

数据可视化在舆情报告中被运用得越来越多，它可以将相对晦涩、复杂的数据背后的信息和关系用最直观的方式展现，进而揭示数据的意义和价值。例如，使用一些可视化的微博舆情分析工具，可将微博平台上纷繁复杂、互相交织的网民声音进行相对清晰的呈现，具有使用简单、操作便捷、容易解读、及时性强等特征。

一、可视化运用的注意要点

随着移动互联、智能传感器等技术的发展，基于大数据的可视化分析工具也逐渐增多。在眼花缭乱的可视化工具中，如何选择适合新媒体舆情分析的工具非常重要，有的可视化工具直接呈现可视化结果，但是有的可视化工具需要前期在数据挖掘的基础上进行数据清理去噪、分析，然后再进行可视化呈现。

（一）说明性

朱莉·斯蒂尔（Julie Steele）等在《数据可视化之美》中将可视化的“美”分解为四个关键因素，分别是新颖、充实、高效和美观，而在这四个因素中，作者将充实置于最重要的位置，“信息传递能力是判断整体成功与否的最重要的因素，因此它是可视化设计的主要驱动力”[①]。可视化最大的价值是为人们提供了一种新视角观察数据、获取信息。舆情报告中的可视化内容同样如此，舆情信息可视化呈现可以是静止型的，也可以是实时交互型的，这取决于舆情报告呈现平台的特质。不管是哪种形式，在舆情报告中，可视化部分都应该为直观、简洁地呈现舆情信息服务。换言之，如果纯粹为了可视化而可视化，则会走进本末倒置的陷阱。因此，舆情报告中的可视化应将说明性放在第一位。此外，在对舆情数据进行可视化呈现之前，应该考虑若干问题：受众是谁？数据信息本身是什么？哪些信息是冗余的？最适合的可视化类型是什么？

（二）高效性

舆情报告中的可视化还应该让阅读者尽快得到关键信息，如果需要花费更多的时间和精力去分析可视化图形本身，则失去了可视化之美的核心要义。有的舆情分析工作者片面理解可视化的直观性，导致所撰写的舆情报告重点放在了各种酷炫的图形上，可视化部分的解释、逻辑关系以及舆情事件本身的分析过少，因此对可视化内容的过度倚重会导致喧宾夺主的后果。

（三）美观性

在舆情数据可视化中，合理地利用坐标轴、形状、色彩、线条和排版等因素来引导用户、传播信息、揭示关系、突出结论以及提高视觉吸引力是非常必要的。随着阅读终端的多样化，舆情报告在呈现外观上也有了更多的要求，从视觉转向和公众浏览偏好的角度来看，移动互联网为舆情报告的美观性提供了更多呈现的可能。

二、两类可视化分析工具

当前数据可视化工具有很多种，除了 Word、Excel、Powerpoint 等办公

---

① 斯蒂尔等. 2011. 数据可视化之美. 祝洪凯，李妹芳译. 北京：机械工业出版社：8.

软件自带的可以进行可视化制作的软件外，舆情报告写作中通常能够运用到的可视化工具大致可分为两类：第一类是基于某一个新媒体平台的可视化工具，比如微博、微信；第二类是基于数据进行可视化处理的专门工具，比如Gephi、Google Charts。

（一）基于新媒体平台的可视化工具

随着公众对视觉文化需求的不断提高，可视化也被作为新媒体舆情报告中不可或缺的部分，特别是在处理社交媒体中的数据时应用广泛。社交媒体中的数据可视化类型包括静态数据可视化（JPG、PNG、PDF等格式）、可点选的数据可视化、动态数据可视化、视频数据可视化、可交互数据可视化。

具体而言，基于微博平台的可视化传播工具主要有：①知微传播分析。它可以对单条微博的传播路径进行详细刻画，比如对某条微博的曝光量、情感值、内容评价、用户总体评价进行量化呈现，而且还可以对该条微博的传播路径、参与者信息、引爆点、水军、内容等进行多维呈现，单水军分析部分，就可以给出无水军、疑似水军、轻度水军、重度水军等分类，并可研判该条微博转发中的营销账号的水军比例。②北京大学PKUVIS微博可视分析工具WeiboEvents。它是北京大学可视化与可视分析研究组开发的微博传播分析工具，通过直观的视图能够相对清晰地呈现出某一事件在微博中转发的过程，包括关键人物、关键微博信息、重要观点等，其他还有新浪微指数、独到等。而基于微信平台的可视化传播工具主要是腾讯的微信指数，它以小程序的形式内嵌在微信平台中，可提供微信大数据中某一关键词或多个对比性关键词在7日、30日、90日三个时段内的趋势图。

（二）基于数据挖掘的可视化工具

网络上有各种各样的可视化工具，只要是数据，大多可以找到相应的可视化处理工具，如ECharts、Birst、MicroStrategy、SAS Visual Analytics、Microsoft Power BI、地图慧等。此处介绍两款数据可视化工具：Gephi和Tableau。

Gephi作为一种开源工具，允许开发者去扩展、丰富，创建定制化的新功能。它可专门用来分析网络关系，应用范围非常广泛。用户可以免费下载后自主在线学习中文教程。基于图论的网络科学认为，任何非连续事物之间的关系都可以用网络来表示，具体需要用点和边进行连接，凡是可以抽象为点和边的关系数据都可以用该软件进行可视化处理，特别是分析舆情事件在社交媒体演化的传播路径、关键节点时非常简洁、直观，可用作探索性数据分析、链接分析、社交网络分析、生物网络分析等。

Tableau 是一款被广泛使用的数据可视化工具，它可以提供强大的数据处理服务，其内置的分析图表和数据分析模型非常美观、简洁。Tableau 分为免费版和收费版，免费的 Tableau Public 可供人们在线公开分享和浏览可视化数据，并可链接到各种格式数据（例如 Excel、CSV 和 Google Charts）在该平台创建交互式图表、地图和实时仪表板，收费版的 Tableau Creator 包含更多功能挖掘和数据分析价值，客户可以通过订阅授权方式进一步使用 Tableau Desktop、Tableau Prep Builder 等。

第九章　新媒体舆情治理

舆论管理、舆情管理、舆情治理虽然表面上看只是一些词汇的差异，但在话语逻辑、思路和运作机制上却大为不同。舆论管理的理念可以追溯到艾维·李（Ivy Lee），他为了替当时受到一些社会改革者抨击的大公司，尤其是美孚石油公司和宾夕法尼亚铁路公司辩护，提出了一整套决策层面的宣传方案。在两次世界大战之间，一些大型企业也开始调整自己的总体战略，考虑公共关系在信息沟通、维护声誉和修复形象中的作用。这种舆论管理方法契合了舆情回应、处理与引导的针对性和现实性，因此舆情管理、舆情控制、舆情监控等话语成为堂而皇之的正当表述，但是这种思维背后依然是将政府、企业、公众等多个利益方置于对立二元论中，并且该对立是建立在其中一方的绝对优势上，另一方则相应地成为被管理、被监控的对象。相比管理，治理是一种优化良性、多元全面的过程，治理主体、客体、机制等内容都面临新一轮调适。正像一位在新闻宣传系统工作多年的干部所说的，20 世纪 90 年代，当时他还是一位科员，但深受上级领导赏识，主要原因是他能很快地处理好危机舆情事件，哪里发生负面事件，快速且有效控制显性的负面舆情是常规动作。时至今日，官升两级，但是面对危机事件时常常力不从心，因为各个新媒体舆情平台上“众声喧哗”，“按下葫芦浮起瓢”成为普遍现象。这其实从一个侧面反映了中国网络与新媒体治理的必要性和难度。

2018 年 6 月 13 日，牛津大学路透新闻研究所在其网站上发布的《2018 数字新闻报告》显示，社交媒体平台新闻可信度低的解决方法之一是政府来干预和阻止假新闻传播，特别是欧洲（60%）和亚洲（63%），相比而言，被调查的美国用户仅有 41%赞同政府干预。显而易见，这与不同国家和地区的新闻体制有很大关系，欧美、亚洲地区对社交媒体假新闻的治理存在很大差异，在网络空间舆情治理方面也各具特色。“大智物云”等技术引发的变革极为迅猛，各类突发事件让国家和社会管理者应接不暇。在这种情况下，政策制定者和监管者应该如何统筹创新与发展，同时保障大多数公众利益呢？施瓦布提出了“变革时代的灵活治理原则”，他认为政策制定规则需遵循两种思路：所有未被明令禁止的都是允许的；所有未被明确允许的都是禁止的。

第一节　中国新媒体舆情治理机制探索及完善

当前大量社会不稳定因素产生的主要环节并不在决策之前，而在决策的实施过程中。尽管不当决策可能是诱发社会不稳定因素的重要原因，但是决策事项和项目的实施过程同样是不断地再生产出新的社会不稳定因素的主要原因。即使是一项经历了严格“稳评”、高度科学合理的决策，一旦其进入实际运行过程，各种社会不稳定因素仍然会源源不断地再生产出来[①]。因此，舆情治理是一项长期事业，需要贯穿决策和实施的整个过程。

一、探索结合“大智物云”技术的舆情预控机制

当前数字经济在国民经济中的重要性越来越显著。正如第六届世界互联网大会的主题“智能互联 开放合作——携手共建网络空间命运共同体”，5G、人工智能、物联网等新一代技术将成为世界未来发展的引擎，借助于这些技术，舆情领域已经开始了数字化、网络化和智能化的转向。百度数智平台、腾讯大数据、语言云、众云大数据平台等众多基于大数据、自然语言处理、语义分析等可辅助新媒体舆情监测预警的平台方兴未艾。2013 年 5 月，《人民日报》《中国青年报》针对雅安地震后社交网络消息庞杂、意见纠缠的状态，再次提出了“网络民意不等于社情民意”等观点。如果说舆情从业者最理想的工作价值在于从某事件的萌芽期就发现苗头、洞察走向，并可以利用新技术从语义、语用、性质等层面识别关键敏感因素，及时真正地解决问题，从而避免舆情事件发生，那么探索结合“大智物云”等诸多新技术的舆情预控机制应当成为舆情工作的重要内容。

二、完善政府与宣传、网信等部门之间的快速反应和协调联动机制

在新媒体舆情治理方面，政府需要建立与宣传、网信等部门的快速反应和协调联动机制。有些舆情事件（如牵涉利益多、波及范围大的事件）或针对重

① 田先红，罗兴佐. 2016. 中国式官僚组织与政策的象征性执行. 江苏行政学院学报，（5）：70-75.

大突发事件的舆情事件本身就需要协调多方参与，在回应、引导和治理环节需进行强有力的协调和联动。因此，针对重大突发事件、涉及跨地区、跨部门、跨领域等的舆情事件，各级宣传部门需要发挥协调组织的关键作用。例如，前文中提到的孙小果案，前后跨度 20 余年，涉及法院、公安等政法系统多个部门，舆论关注点也相对分散，此时不宜由涉事部门自主回应，“单兵作战”反而会使自身深陷舆情。在众声鼎沸之时，昆明市扫黑办作为统筹扫黑除恶工作的主体，承担起孙小果案的舆情处置主体职责，这有利于统筹舆情工作力量，向关注分散的舆论场作出针对性回应。但公众的高期待也给后续舆情回应和舆论引导等工作带来更大压力。因此，除了昆明市扫黑办等公布相关处置之外，其他部门还需针对舆论关注的焦点、热点和关键点，围绕“说什么、怎么说、何时说”制订具体的引导方案，及时发布调查进展，稳定舆论，不能各自为政、自说自话，在舆情回应与治理层面应加强协调联动。

三、加强舆情回应责任机制

国务院办公厅印发的《关于在政务公开工作中进一步做好政务舆情回应的通知》指出：“一些地方和部门仍存在工作理念不适应、工作机制不完善、舆情回应不到位、回应效果不理想等问题。”[①]这里值得注意的是，从“被动应对”到“主动回应”思路的转变，显示出政府在积极融入新兴政务公开格局的态度。中国的舆情回应责任大体上分为两个层面：对涉及国务院重大政策、重要决策部署的政务舆情，国务院相关部门是第一责任主体，负首要责任；对涉及地方的政务舆情，则按照属地管理、分级负责、谁主管谁负责的原则进行回应。这里要细分为四种情况：①如果涉事责任部门是第一责任主体，本级政府办公厅（室）和宣传部门应该做好组织协调工作；②涉事责任部门实行垂直管理的，上级部门办公厅（室）和宣传部门做好组织协调工作；③对涉及多个地方的政务舆情，上级政府主管部门是舆情回应的第一责任主体，相关地方按照属地管理原则进行回应；④对涉及多个部门的政务舆情，相关部门按照职责分工做好回应工作，本级政府办公室（厅）和宣传部门做好组织协调、督促指导工作。

① 国务院办公厅. 2016. 国务院办公厅关于在政务公开工作中进一步做好政务舆情回应的通知. http://www.gov.cn/zhengce/content/2016-08/12/content_5099138.htm [2020-3-18].

四、深化融媒体新闻发布的矩阵机制

新一轮信息传播技术革命深刻改变了以往的信息传播和社会交往方式，并由此引发了中国社会的各种关系和结构的重组，在其影响下，新的媒体格局也面临新一轮调整，这对网络社会中的信息传播提出更高要求。自 2014 年“媒体融合元年”开启以来，中国从国家战略和顶层设计的高度对媒体融合进行了深入推进。对于舆情治理来说，一方面需要打造一批优质精品新媒体账号，全面提升其传播力、引导力、影响力和公信力，建设更加权威的信息发布、解读和回应更加便捷的政民互动和办事服务平台；另一方面还需要打通“信息孤岛”，将主管主办和属地管理的原则与宣传、网信部门的有关业务统筹起来，进一步深化融媒体时代新闻发布的矩阵机制。中国目前已经基本形成发布、解读、回应衔接配套的政务公开工作格局，但是在实际运作中，与互联网对政府治理的要求、人民群众的期待相比，很多经验和做法仍然存在不少问题。国务院办公厅印发的《关于在政务公开工作中进一步做好政务舆情回应的通知》为需重点回应的政务舆情划出范围，包括：“对政府及其部门重大政策措施存在误解误读的、涉及公众切身利益且产生较大影响的、涉及民生领域严重冲击社会道德底线的、涉及突发事件处置和自然灾害应对的、上级政府要求下级政府主动回应的政务舆情等。”对涉及特别重大、重大突发事件的政务舆情，该文件要求最迟应在 24 小时内举行新闻发布会，对其他政务舆情应在 48 小时内予以回应。[①]舆情回应方式需要多样化，不仅要包括召开新闻发布会或吹风会、接受媒体采访等传统发布权威信息的形式，还要求充分利用政务微博、微信和客户端等新兴媒体进行交流，进而提高政务舆情回应时效。由此可见，进一步深化融媒体新闻发布的矩阵机制至关重要，这也将是我国从信息公开角度治理舆情、引导舆论的主要方向。

五、建立新媒体舆情表达与治理的平衡机制

近年来，我国出台了一系列治理不当网络言论的法律法规、政策文件，如国家互联网信息办公室印发的《互联网群组信息服务管理规定》《互联网用户公众账号信息服务管理规定》等。特别是 2013 年 9 月 9 日《最高人民法院、

---

① 国务院办公厅. 2016. 国务院办公厅关于在政务公开工作中进一步做好政务舆情回应的通知. http://www.gov.cn/zhengce/content/2016-08/12/content_5099138.htm [2020-3-18].

最高人民检察院关于办理利用信息网络实施诽谤等刑事案件适用法律若干问题的解释》的公布，对规范网络管理、净化网络环境起到了积极的推动作用。但也存在一定争议。该解释规定："编造虚假信息，或者明知是编造的虚假信息，在信息网络上散布，或者组织、指使人员在信息网络上散布，起哄闹事，造成公共秩序严重混乱的，依照刑法第二百九十三条第一款第（四）项的规定，以寻衅滋事罪定罪处罚。"[①]而寻衅滋事罪本是一个非常模糊的罪名，因在网上发帖被控寻衅滋事的案件时有发生。中国政法大学刑事司法学院教授罗翔认为"这种现象令人担忧"[②]。2016年，国家互联网信息办公室召开全国跟帖评论专项整治视频会议，部署集中治理跟帖评论存在的突出问题等工作。该专项整治集中清理跟帖评论中违反"九不准"、触犯"七条底线"的违法违规有害信息，大力净化网络空间。维护法律尊严和权威无可非议，但也需要谨防矫枉过正，避免对网民的正常表达反应过激从而引发舆情热潮。网络与新媒体空间的信息表达既具有交流、互动、分享的沟通功能，也具有情绪发泄、表达不满的"泄压阀"功能。关键问题在于，对于舆情治理来说，我们应该探索如何在借鉴国外舆情治理的基础上结合本国国情，充分尊重互联网用户表达权，平衡当前社会转型期网民表达与舆情治理两者之间的关系。

第二节　新媒体舆情治理创新思路

在舆情治理方面，我们应吸取国外经验教训，建立符合中国现实国情的治理模式和策略。新媒体时代的舆情治理策略分为：①多主体协作、全程引导、技术审核及完善法规等制度策略，着眼于中长期治理思路的讨论；②针对舆情发展的生命周期分阶段性引导、培育意见领袖、推广政务新媒体等相对短期手段也是常用策略。这两种策略应相互融合，既要重视硬性的制度化基础设施的建立，也要注重具体舆情个案中的应对与引导。

一、网格化治理

网格化治理是一种衍生于中国城市管理实践的管理思想，作为我国基层社

① 国家互联网信息办公室. 2013. 最高人民法院、最高人民检察院关于办理利用信息网络实施诽谤等刑事案件适用法律若干问题的解释. http://www.cac.gov.cn/2013-09/07/c_133142246.htm[2021-1-10].

② 罗翔. 2019. 法治的细节丨为什么网络发帖不宜以寻衅滋事论处？ https://baijiahao.baidu.com/s?id=1629153718031864932&wfr=spider&for=pc [2020-3-18].

会治理的创新举措近年来被普遍应用，建立新媒体舆情网格化治理机制是应对当前及未来很长一段时间内互联网发展的舆情治理机制。网格化治理是包含网格化监测技术平台和网格化舆情监测、预警研判、引导处置等在内的一整套机制。虽有学者认为网格化治理需要从内涵（包括治理理念、治理目标、权力逻辑、功能定位、运行机制等）上澄清与网格化管理的区别，但两者还是在很大程度上被混用。例如，在构建反腐倡廉网络舆情治理机制时，曹军辉等认为“网格化管理作为一种精细化管理模式，运用于反腐倡廉网络舆情治理机制构建，具有较强的现实适用性和合理性”①。但我们必须面对的一个问题是，网格化社会管理同时面临积极意义和管控功能过于强大并降低社会活力的双重悖论，在提议建立闭环式网格化舆情治理机制的同时，也应该将公民合理自由表达、增强社会意见交流的健康氛围纳入思考范围，这两者将会同时助力互联网治理体系的建设。

二、重视数据治理

5G时代的来临引发了相关产业一轮又一轮的热议，它带来的“高速率、低时延、万物互联”的革命将重构社会生活场景和网络个体互动交往的方式，社会运行机制和要素资源的配置也将进行深度调整。施瓦布在评估第四次工业革命对政府的影响方面时认为更好地利用数字技术、提高智力水平至关重要。关键问题是如何更深入、更具创新性地使用网络技术才能够改善公共管理结构、提高现代化水平。毋庸置疑，加强电子政务的推广应用可以提高信息透明度以及政府和公民的互动程度。但与此同时，政府必须进行自我调整，适应这样的客观现实：权力正在向普通公众方向转移。新技术以及在新技术推动下产生的社会分组和互动超越以往任何一个时代。虽然在某些领域，政府数据开放共享不足，但是面临数据已经成为中国国家基础性战略资源、大数据正日益影响国家治理能力的现状，在保障国家安全的前提下，提升数据开放共享程度、深化数据应用、重视数据治理、创新新媒体舆情治理的技术和方法，将成为推动舆情治理能力现代化的应有之义和必然选择。

“当社会不断向你发出危机信号的时候，如果我们做出错误的解读，代价可能是非常沉重的。我们作为社会的守望者，一定要为社会信号的解读提供正

① 曹军辉，王瑛. 2019. 涉腐网络舆情的网格化治理机制研究. http://kns.cnki.net/kcms/detail/50.1023.c.20190606.0913.002.html [2020-9-29].

确的东西，为社会自我观照和决策者对现实的把握提供更加深刻的研判成果。”[①]这是对舆情从业者的职业操守的忠告，也是从业者个体自我价值实现的内在需求。

① 祝华新. 2018. 新中国舆情认知的演变——以《人民日报》舆情监测工作为例. 浙江传媒学院学报，(2)：79-82.

参考文献

埃弗雷特·M. 罗杰斯. 2002. 创新的扩散. 辛欣译. 北京：中央编译出版社.

爱新觉罗·溥仪. 2019. 我的前半生. 北京：中国言实出版社.

白长燕. 2013. 略论我国网络舆情监测产业的现状与发展路径. 人民论坛，（26）：58-59.

半书房. 2019. 电子科大教师称“四大发明在世界上都不领先”遭停课两年冤吗？ https://m.sohu.com/a/336076168_693352 [2020-9-29].

毕宏音. 2012-2-20. 把握网络谣言特征遏制其危害. 中国社会科学报，B03.

曹军辉，王瑛. 2019. 涉腐网络舆情的网格化治理机制研究. http://kns.cnki.net/kcms/detail/50.1023.c.20190606.0913.002.html [2020-9-29].

陈力丹. 1999. 舆论学——舆论导向研究. 北京：中国广播电视出版社.

长安君. 2016. 当我们谈“雷洋之死”时，我们在谈些什么？https://mp.weixin.qq.com/s?__biz=MzI0MjI0Nzc5Mg==&mid=2653852651&idx=1&sn=07c3dd83aee086929d6c26a6d17251e2&scene=0#wechat_redirect [2019-5-10].

长安君. 2019. 饭圈出征！帝吧出征！是什么让年轻人一夜长大？https://mp.weixin.qq.com/s/7v4z3ozLOkHnLpDrYqxOcQ [2020-9-20].

崔致远. 2018. 基于网络爬虫的军事舆情态势挖掘研究. 电子制作，（347）：142-143，102.

丹尼斯·麦奎尔，斯文·温德尔. 1997. 大众传播模式论. 祝建华，武伟译. 上海：上海译文出版社.

丁柏铨. 2007. 略论舆情——兼及它与舆论、新闻的关系. 新闻记者，（6）：8-11.

丁柏铨. 2016. 舆情研判：特征把握、内涵解读和对策研究. 当代传播，（4）：9-19.

杜杨沁，霍有光，锁志海. 2013. 基于复杂网络模块化的微博社会网络结构分析——以“上海发布”政务微博为例. 图书情报知识，（3）：81-89.

方付建，肖林，王国华. 2011. 网络舆情热点事件“系列化呈现”问题研究. 情报杂志，（2）：1-5.

福雷斯特·伍迪·霍顿. 2013. 信息资源管理：概念和案例. 安小米，等译. 南京：南京大学出版社.

甘惜分. 1993. 新闻学大辞典. 郑州：河南人民出版社.

广东省舆情大数据工程技术中心，南都大数据研究院，广州市舆情大数据重点研究基地，等. 2018. “网络黑公关”研究报告. https://www.docin.com/p-2116618275.html

[2021-1-2].
郭庆光. 2011. 传播学教程. 北京：中国人民大学出版社.
郭小安. 2015. 网络舆情联想叠加的基本模式及反思——基于相关案例的综合分析. 现代传播，（3）：123-130.
国家互联网信息办公室. 2013. 最高人民法院、最高人民检察院关于办理利用信息网络实施诽谤等刑事案件适用法律若干问题的解释. http://www.cac.gov.cn/2013-09/07/c_133142246.htm[2021-1-10].
国家互联网信息办公室. 2017a. 互联网新闻信息服务管理规定. http://www.cac.gov.cn/2017-05/02/c_1120902760.htm [2020-3-14].
国家互联网信息办公室. 2017b. 互联网跟帖评论服务管理规定. http://www.cac.gov.cn/2017-08/25/c_1121541842.htm [2020-3-14].
国务院. 2015. 国务院关于印发促进大数据发展行动纲要的通知. http://www.gov.cn/zhengce/content/2015-09/05/content_10137.htm [2019-7-8].
国务院办公厅. 2016. 国务院办公厅关于在政务公开工作中进一步做好政务舆情回应的通知. http://www.gov.cn/zhengce/content/2016-08/12/content_5099138.htm [2020-3-18].
哈贝马斯. 1999. 公共领域的结构转型. 曹卫东，王晓珏，刘北城，等译. 上海：学林出版社.
郝永华，聂茜. 2015. 热点段子的衍生与负面舆情——基于30个案例的内容分析. 新闻大学，（1）：87-93.
禾技聊吧. 2018. 今日头条宣称“让 AI 识别和删除假新闻”却惨遭老外打脸. http://www.sohu.com/a/220905439_100105189 [2019-2-4].
何国平，朱最新. 2020. 公共卫生舆情应对中的治理思维. http://www.chinanews.com/gn/2020/03-14/9124935.shtml [2020-3-14].
何欣蕾，王保华. 2015. 治理视角下的教育舆情研究：问题与对策. 现代传播，（1）：139-142.
何璇. 2016. 数据可视化在社交媒体中的应用研究. 南京航空航天大学硕士学位论文.
何忠洲，魏娟. 2010. 网络事件“预警线”出炉 网络舆情“攻防策”. http://www.infzm.com/content/43908 [2020-3-13].
胡小刀. 2018-9-28. 美15年来首份网络战略出炉. 中国国防报，04.
胡泳，陈秋心. 2017. 舆情：本土概念与本土实践. 传播与社会学刊，（40）：33-74.
华勒斯坦，儒玛，凯勒，等. 1997. 开放社会科学：重建社会科学报告书. 刘锋译. 北京：生活·读书·新知三联书店.
黄河吕梁频道. 2019. 山西警方公布5起“网络谣言”违法犯罪典型案例. https://baijiahao.baidu.com/s?id=1632196908432752196&wfr=spider&for=pc [2020-9-29].
贾伟民. 2017. 舆情事件中自媒体营销号的引导与应对. http://yuqing.people.com.cn/n1/2017/0626/c209043-29362539.html [2019-6-26].
江宁公安在线. 2019. 微博传播效果分析. https://wfx.51wyq.cn/share/view/kagUiGQb21

mIyd4Zrus [2020-6-10].
姜胜洪. 2010. 网络舆情的内涵及主要特点. 理论界，（3）：151-152.
姜晓萍，焦艳. 2015. 从“网格化管理”到“网格化治理”的内涵式提升. 理论探讨，（6）：139-143.
姜鑫. 2014. 收集、判断与沟通：突发性群体事件的网络舆情研究. 学术交流，（7）：202-207.
教育部. 2019. 教育部发文要求进一步规范和加强研究生考试招生及培养管理工作. http://www.moe.gov.cn/jyb_xwfb/gzdt_gzdt/s5987/201902/t20190227_371509.html [2020-3-21].
教育部语言文字应用管理司，语言文字信息管理司. 2017. 2016 年中国语言文字事业发展状况. http://www.moe.gov.cn/jyb_xwfb/xw_fbh/moe_2069/xwfbh_2017n/xwfb_20170718/170718_sfcl/201707/t20170718_309492.html [2019-6-10].
金惠敏. 2010. 积极受众论 —— 从霍尔到莫利的伯明翰范式. 北京：中国社会出版社.
克劳斯•施瓦布. 2016. 第四次工业革命. 李菁，陈彦衡，陈嘉宁译. 杭州：浙江出版集团数字传媒有限公司.
孔建华. 2019. 政府网络舆情分析研判及应对规程研究. 福建论坛（人文社会科学版），(5)：165-172.
赖凯声. 2019. 中国城市的网民性格与网络影响力——基于 90 个城市微博大数据的研究. 现代传播，（5）：152-156.
礼平. 2019. 社会舆情观察：豪车司机事件及处置建议. http://yuqing.people.com.cn/n1/2019/0823/c209043-31313745.html [2020-3-14].
李彪. 2012. 微博意见领袖群体“肖像素描”——以 40 个微博事件中的意见领袖为例. 新闻记者，（9）：19-25.
李彪. 2018. 社交网络时代舆情预警的挑战、模式及趋势研究. 编辑之友，（11）：46-50，61.
李春玲，陈光金. 2004. 十大社会阶层的划分//陆学艺.当代中国社会流动——中国社会阶层研究报告之二. 北京：社会科学文献出版社：1-24.
李黄村. 2012-01-31. 网络舆情服务前景几何. 人民日报，14.
李金华. 2009. 网络研究三部曲：图论、社会网络分析与复杂网络理论. 华南师范大学学报（社会科学版），（2）：136-138.
李庆林，张超，吴芳菲. 2014. 网络舆情的发展阶段及其特点研究. 编辑之友，（11）：47-53.
李怡清. 2018. 社交媒体信息传播调查：假新闻比真相快 6 倍，假政治新闻尤甚. https://www.thepaper.cn/newsDetail_forward_2023141 [2020-3-13].
李中. 1979. 献乔侍郎//彭定求等.全唐诗. 卷七百四十八. 北京：中华书局：8523.
梁劲国. 2019. 大数据时代网络舆情与社会治理分析. 信息与电脑，（10）：211-213.
梁玉成，张海东. 2015. 北京、上海、广州社会中间阶层调查报告//李培林，陈光金，张翼. 2016 年中国社会形势分析与预测. 北京：社会科学文献出版社：189-218.

廖瑞丹. 2017. 基于随机共振模型的网络舆情共振现象研究. 南京理工大学硕士学位论文.
林顿 • C • 弗里曼. 2008. 社会网络分析发展史：一项科学社会学的研究. 张文宏，刘军，王卫东译. 北京：中国人民大学出版社：4-12.
林双川. 2006. 网络民意汇入中南海. http://www.gov.cn/jrzg/2006-04/10/content_249975.htm[2019-4-10].
林荧章. 2018a. 从政治性到公共性：中国舆情研究的反思. 广西师范学院学报（哲学社会科学版），39（5）：163-168.
林荧章. 2018b. 清末及民国期间舆情观念的变迁初探——以《大公报》为例. 编辑之友，(10)：88-94，112.
林竹. 2005. 中国舆情思想的历史渊源及其本质——兼论与西方古典民主思想的比较. 社科纵横，（4）：147-149.
刘建明. 1992. 宣传舆论学大辞典. 北京：经济日报出版社.
刘经宇. 2017. 涉县一网民发帖吐槽医院餐厅被拘. http://m.xinhuanet.com/2017-08/20/c_1121510290.htm [2020-3-14].
刘军. 2004. 社会网络模型研究论析. 社会学研究，（1）：1-12.
刘鹏飞，齐思慧，周亚琼. 2013. 2012 年网络舆情走势和社会舆论格局. 新闻记者，（1）：18-25.
刘素华. 2019. 官员用公权打击网上不利言论属违法. https://mp.weixin.qq.com/s/JAgs8BUDhrxdVr0Y65YAEA [2019-7-2].
刘霞，严晓，刘世宏. 2011. 非常规突发事件的性质和特征探析. 北京航空航天大学学报（社会科学版），24（3）：13-17.
刘夏阳. 1993. 中国人民大学舆论研究所与中国舆论调查业. 中国人民大学学报，（4）：117-120.
刘昫等. 1975. 旧唐书 • 卷一百七十七 • 列传第一百二十七. 北京：中华书局.
刘雪梅. 2011. 对网络空间舆情共振现象研究框架的思考. 新闻与传播研究，（24）：32-33.
刘玉梅. 2010. 道德焦虑论. 中南大学博士学位论文.
刘志华. 2018. 政务舆情回应如何把握语言分寸感？http://www.myzaker.com/article/5af40bf5a07aeccd2a000226 [2020-3-14].
卢汉龙. 2013. 中国中产阶级与小康社会//李成. “中产”中国：超越经济转型的新兴中国中产阶级. 许效礼，王详钢译. 上海：上海译文出版社：97-122.
卢梭. 2003. 社会契约论. 何兆武译. 北京：商务印书馆.
卢梭. 2005. 社会契约论. 3 版. 何兆武译. 北京：商务印书馆.
陆益峰. 2018. 人工智能推动新闻造假，未来还能看到真实的世界吗. http://media.people.com.cn/n1/2018/0201/c40606-29799020.html [2019-2-1].
陆益峰. 2018-2-1. 未来，我们还能看到真实的世界吗. 文汇报，7.

路元. 1987. 建立中国的社会主义舆论学——访中国人民大学舆论研究所所长甘惜分. 中国记者，（2）：12-14.

罗翔. 2019. 法治的细节丨为什么网络发帖不宜以寻衅滋事论处？https://baijiahao.baidu.com/s?id=1629153718031864932&wfr=spider&for=pc [2020-3-18].

马丁 J. 奥斯本，阿里尔 • 鲁宾斯坦. 2000. 博弈论教程. 魏玉根译. 北京：中国社会科学出版社.

马骏，唐方成，郭菊娥，等. 2005. 复杂网络理论在组织网络研究中的应用. 科学学研究，（2）：173-178.

马歇尔 • 麦克卢汉. 2011. 理解媒介：论人的延伸（增订评注本）. 何道宽译. 南京：译林出版社.

曼纽尔 • 卡斯特. 2001. 网络社会的崛起. 夏铸九，王志弘，等译. 北京：社会科学文献出版社.

梅文慧. 2014. 舆情产业初探——基于新型信息服务产业的业态发展分析//武汉大学媒体发展研究中心，武汉大学新闻与传播学院，武汉大学“社会转型与中国大众与传媒改革”主办. 中国媒体发展研究报告（2013 年 • 媒体卷）. 武汉：武汉大学出版社：374-380.

南振中. 2003. 把密切联系群众作为改进新闻报道的着力点. 中国记者，（3）：6-10.

彭兰. 2017. 自组织与网络治理理论视角下的互联网治理. 社会科学战线，（4）：168-175.

彭渝. 2019. 昆明打掉孙小果涉黑涉恶犯罪团伙，当事人 21 年前曾被判死刑. https://www.thepaper.cn/newsDetail_forward_3342566 [2020-3-14].

彭增军. 2016. 熟悉的陌生人：社交媒体时代的受众. 新闻记者，（11）：44-47.

秦书生. 2006. 自组织的复杂性特征分析. 系统科学学报，（1）：19-22.

R. 爱德华 • 弗里曼. 2006. 战略管理：利益相关者方法. 王彦华，梁豪译. 上海：上海译文出版社.

斯蒂尔等. 2011. 数据可视化之美. 祝洪凯，李妹芳译. 北京：机械工业出版社.

单凌. 2017. 中间阶层的觉醒：中国舆论场新生态. 新闻大学，（3）：15-20.

单学刚. 2019. “舆评”该如何开展. https://mp.weixin.qq.com/s/IbVjqs0P_If-LuiLD2-XTA [2019-6-24].

宋余超，陈福集. 2015. 基于博弈论的我国网络舆情研究文献综述. 情报杂志，(11):100-104.

粟湘，郑建明，吴沛. 2006. 信息生命周期管理研究. 情报科学，（5）：691-696.

隋岩，张丽萍. 2015. 从“蚂蚁效应”看互联网群体传播的双重效果. 新闻记者，(2)：72-77.

孙立平. 2004. 转型与断裂：改革以来中国社会结构的变迁. 北京：清华大学出版社.

谭旭燕. 2013. 要学舆情引导，还要学心理与礼仪. http://epaper.xxcb.cn/xxcba/html/2013-12/26/content_2756712.htm [2020-3-6].

汤姆 • 斯丹迪奇. 2015. 从莎草纸到互联网：社交媒体 2000 年. 林华译. 北京：中信出版社.

唐涛. 2014. 网络舆情治理研究. 上海：上海社会科学院出版社.

陶东风. 2009. 粉丝文化研究：阅读-接受理论的新拓展. 社会科学战线，（7）：164-172.

田获三狐. 2019. 贬低“四大发明”就遭停课处分，是不是太过分？https://mp.weixin.qq.com/s/TgjwEYKwTzhkrnFSjoR_8Q [2019-12-23].

田世海，孙美琪，张家毓. 2019. 基于贝叶斯网络的自媒体舆情反转预测. 情报理论与实践，（2）：127-133.

田先红，罗兴佐. 2016. 中国式官僚组织与政策的象征性执行. 江苏行政学院学报，（5）：70-75.

托马斯·弗里德曼. 2006. 世界是平的：21 世纪简史. 何帆，肖莹莹，郝正非译.长沙：湖南科学技术出版社.

王传宝，滕瀚. 2018. 互联网治理挑战及对策探析. 社会治理，（3）：48-55.

王高飞，李明. 2017. 基于 AHP-模糊综合分析的移动社交网络舆情预警模型研究. 现代情报，（1）：41-44，65.

王国华，方付建. 2012. 突发舆情危机事件衍生效应研究. 天津社会科学，（1）：70-72.

王蔻. 2011. 扩音系统中声反馈的抑制方法. 中国有线电视，（9）：1085-1087.

王来华. 2003. 舆情研究概论——理论、方法和现实热点. 天津：天津社会科学院出版社.

王来华. 2004. “舆情”问题研究论略. 天津社会科学，（2）：78-81.

王旭仁，李娜，何发镁，等. 2014. 基于改进聚类算法的网络舆情分析系统研究. 情报学报，（5）：530-537.

维克托·迈尔-舍恩伯格，肯尼斯·库克耶. 2013. 大数据时代：生活、工作与思维的大变革. 盛杨燕，周涛译. 杭州：浙江人民出版社.

魏丽萍. 2010. 网络舆情形成机制的进化博弈论启示. 新闻与传播研究，（6）：29-38，110.

吴安辉，刘海明. 2015. 网络舆情表达的主客体和表达伦理. 编辑之友，（8）：49-55.

吴绍忠，李淑华. 2008. 互联网络舆情预警机制研究. 中国人民公安大学学报（自然科学版），（3）：38-42.

吴涛. 2018. 我国舆情产业的兴起节点、逻辑背景与未来走向. 当代传播，（3）：35-38.

吴小坤. 2012. 网络群体事件研究的理论视阈、技术支撑及待突破瓶颈. 新闻与传播研究，（6）：97-112.

习近平. 2017. 决胜全面建成小康社会 夺取新时代中国特色社会主义伟大胜利——在中国共产党第十九次全国代表大会上的报告. http://www.12371.cn/2017/10/27/ARTI1509103656574313.shtml [2020-3-6].

项平. 2012. 公共网络舆情事件研究. 北京：人民出版社.

孝金波，赖晨璐. 2019.《2019 年网络谣言治理报告》揭秘三大谣言高发领域. http://society.people.com.cn/n1/2019/1226/c1008-31524533.html [2020-3-8].

谢海光，陈中润. 2006. 互联网内容及舆情深度分析模式. 中国青年政治学院学报，（3）：95-100.

谢科范，赵湜，陈刚，等. 2010. 网络舆情突发事件的生命周期原理及集群决策研究. 武汉理工大学学报（社会科学版），（4）：482-486.

新华社. 2006. 国家突发公共事件总体应急预案. http://www.gov.cn/yjgl/2006-01/08/content_21048.htm [2020-9-28].

新华社. 2008. 中共中央关于加强党的执政能力建设的决定. http://www.gov.cn/test/2008-08/20/content_1075279.htm [2021-1-2].

新华社. 2013. 中共中央关于全面深化改革若干重大问题的决定. http://www.gov.cn/jrzg/2013-11/15/content_2528179.htm [2020-3-6].

新华社. 2015. 中华人民共和国刑法修正案（九）. http://www.gov.cn/xinwen/2015-08/30/content_2922112.htm [2020-3-8].

新华社. 2016. 中华人民共和国网络安全法. http://www.cac.gov.cn/2016-11/07/c_1119867116.htm [2020-3-8].

徐迪. 2019. 基于空间可视化的大数据舆情研判体系建构研究. 情报科学，（3）：22-26.

徐汉明. 2018. 我国网络法治的经验与启示. 中国法学，（3）：51-70.

徐明强. 2019-2-28. 规则悬浮引发学术标签化——对“翟天临学术不端事件”的反思. 民主与法制时报，6.

薛深. 2011. “官二代”标签化现象的缘起及其回应. 中国青年研究，（7）：14-17，8.

亚里士多德. 1965. 政治学. 吴寿彭译. 北京：商务印书馆.

杨斌艳. 2016-12-29. 舆情产业发展新业态. 中国社会科学报，120.

杨光. 2017. “小朋在画廊”朋友圈刷屏 组织者回应五大焦点问题. http://media.people.com.cn/n1/2017/0830/c40606-29502771.html [2021-1-8].

杨国斌. 2011. 悲情与戏谑：网络事件中的情感动员//邱林川，陈韬文. 新媒体事件研究. 北京：中国人民大学出版社：40-65.

杨国斌. 2012. 连线力：中国网民在行动. 邓艳华译. 桂林：广西师范大学出版社.

叶斌，温为平. 1995. 社会舆情调研在宣传工作中的地位. 特区展望，（6）：6-8.

叶国平. 2013. 舆情内涵发展演变探析. 理论与现代化，（4）：42-47.

蚁坊软件. 2019. 老戏骨不识假流量舆情危机：潘长江蔡徐坤事件的几个关键数据. https://www.eefung.com/daily-report/20190320112816 [2020-3-20].

佚名. 2012. 江泽民同志在党的十六大上所作报告全文. http://www.china.com.cn/guoqing/2012-10/17/content_26821180_6.htm [2020-1-3].

佚名. 2019. 昆明市扫黑办：孙小果案将一查到底 绝不姑息. http://society.yunnan.cn/system/2019/05/17/ 030279103.shtml [2020-3-14].

鹰眼舆情观察室. 2017. 杭州保姆纵火案. https://www.eefung.com/hot-report/20170707153659/ [2020-3-14].

于婷，周文水. 2012. 方正电子——国内领先的舆情综合服务商中国报业. http://zgbx.people.com.cn/n/2012/0924/c349127-19091914.html [2019-9-24].

虞涵棋. 人工智能冒充人刷假新闻、灌水评论怎么办？让人工智能来鉴别. https://baijiahao.baidu.com/s?id=1640545487553968543&wfr=spider&for=pc [2019-7-31].

郁建兴，周俊. 2006. 中国公民社会研究的新进展. 马克思主义与现实，（3）：36-45.

曾润喜，徐晓林. 2009. 网络舆情突发事件预警系统、指标与机制. 情报杂志，（11）：52-54，51.

张彬，彭书桢，金知烨，等. 2019. “大智物云”时代数据治理国家战略比较分析——数据开放、网络安全保障与个人隐私保护. 电子政务，（6）：100-112.

张宸. 2017. 基于 SVM 与 K 近邻结合的网络伪舆情辨识研究. 图书情报工作，61（增刊 1）：164-167.

张存刚，李明，陆德梅. 2004. 社会网络分析——一种重要的社会学研究方法. 甘肃社会科学，（2）：109-111.

张海东，杨城晨，赖思琦. 2016. 中国特大城市新社会阶层调研报告——基于北京、上海、广州的调查//李培林，陈光金，张翼. 2017 年中国社会形势分析与预测. 北京:社会科学文献出版社：117-218.

张垒. 2011. 舆情信息产品：现状、困境与趋势. 现代传播，（10）：68-73.

张鹏，李昊青，兰月新，等. 2016. 基于 BP 神经网络的突发事件网络谣言危机预警. 电子政务，（11）：40-47.

张淑华. 2016. 节点与变量：突发事件网络“扩音效应”产生的过程考察和一般模式——基于对“鲁山大火”和“兰考大火”的比较研究. 新闻与传播研究，（7）：60-76.

张婷樾. 舆情监测：应对互联网新发展是“补台”而不是“拆台”. http://media.people.com.cn/n/2013/1010/c40606-23145078.html [2018-10-10].

张宛丽，李炜，高鸽. 2004. 现阶段中国社会新中间阶层的构成特征. 江苏社会科学，（6）：100-107.

张伟. 2018. 基于近邻响应的 SEIR 网络舆情信息扩散模型研究. 信息资源管理学报，（4）：67-77.

张玉晨，翟姗姗，许鑫，等. 2018. 微博“中 V”用户的传播特征及其引导力研究——以罗一笑事件为例. 图书情报工作，（11）：79-87.

张兆曙. 2018. 网络舆论的“反转”何以可能？——基于发生结构的视角. 学海，（4）：150-157.

张志安，甘晨. 2014. 作为社会史与新闻史双重叙事者的阐释社群——中国新闻界对孙志刚事件的集体记忆研究. 新闻与传播研究，（1）：55-77.

张卓元. 2014. 需要我们重视的几个改革议题. http://theory.people.com.cn/n/2014/0721/c49154-25305796.html [2021-1-6].

张佐成，陈瑜敏. 2011. 多模态话语分析三大理论分析方法评述. 中国英语教育，（1）：1-11.

翟作君，蒋志彦. 1996. 中国学生运动史. 上海：学林出版社.

赵静娴. 2015. 基于决策树的网络伪舆情识别研究. 现代图书情报技术，（6）：78-84.

赵思宇，周容. 2019. “昆明恶霸”孙小果案舆情研究. http://www.legaldaily.com.cn/The_analysis_of_public_opinion/content/2019-05/28/content_7889416.htm [2019-11-28].

郑雯，桂勇，黄荣贵. 2017. 寻找网络民意：网络社会心态研究（第一辑）. 北京：华夏出版社.

郑永年. 2014. 技术赋权：中国的互联网、国家与社会. 北京：东方出版社.

知微事见. 2017. 杭州保姆纵火案. https://ef.zhiweidata.com/event/e0b9d2c81a6a2d9a10000605/profileV2 [2020-3-14].

中共中央宣传部舆情信息局. 2006a. 舆情信息工作概论. 北京：学习出版社.

中共中央宣传部舆情信息局. 2006b. 舆情信息汇集分析机制研究. 北京：学习出版社.

中国互联网络信息中心. 1997. 中国互联网络发展状况统计报告（1997/10）. https://www.cnnic.net.cn/hlwfzyj/hlwxzbg/200905/P020120709345374625930.pdf [2020-1-3].

中国互联网络信息中心. 2017. 2016 年中国社交应用用户行为研究报告. http://www.cnnic.net.cn/hlwfzyj/hlwxzbg/sqbg/201712/P020180103485975797840.pdf [2021-1-5].

中国互联网络信息中心. 2020. 第 46 次中国互联网络发展状况统计报告. http://www.cnnic.net.cn/hlwfzyj/hlwxzbg/hlwtjbg/202009/P020200929546215182514.pdf [2020-9-19].

周德懋，李舟军. 2009. 高性能网络爬虫：研究综述. 计算机科学，（8）：26-29，53.

周九常. 2006. 霍顿信息管理思想简论. 情报科学，（8）：1137-1140，1168.

朱磊，李文静. 2017. “后真相时代”舆情传播的特点及原因. 新闻战线，（6）：37-38.

朱丽娜. 2018. 专业性的建构与消解：“舆情生产”何以成为可能？——以人民网舆情监测室为例. 安徽大学硕士学位论文.

祝华新. 2018. 新中国舆情认知的演变——以《人民日报》舆情监测工作为例. 浙江传媒学院学报，（2）：79-82.

Fletcher, R., Kalogeropoulos, A. & Newman, N. 2018. 2018 年路透数字新闻调查报告（总述篇）. 张晓莉，张梦，吴静雅，译. http://dy.163.com/v2/article/detail/DKP6MI4D0521AN71.html [2019-6-20].

Barabási, A. L., Albert, R. & Jeong, H. 1999. Mean-field theory for scale-free random networks. *Physica A: Statistical Mechanics and Its Applications*, 272: 173-187.

Barrat, A., Barthelemy, M. & Vespignani, A. 2008. *Dynamical Processes on Complex Networks*. Cambridge: Cambridge University Press.

Davenport, T. H. & Prusak, L. 1997. *Information Ecology: Mastering the Information and Knowledge Environment*. New York: Oxford University Press.

Forceville, C. 2009. Non-verbal and multimodal metaphor in a cognitivist framework: Agendas for research. In C. Forceville & E. Urios-Aparisi, *Multimodal Metaphor* (pp. 1-24). Berlin, New York: Mouton de Gruyter.

Han, S., Lerner, J. S. & Keltner, D. 2007. Feelings and consumer decision making: The appraisal-tendency framework. *Journal of Consumer Psychology*, 17: 158-168.

Kwon, K. H., Bang, C. C., Egnoto, M., et al. 2016. Social media rumors as improvised public opinion: Semantic network analyses of twitter discourses during Korean saber rattling 2013. *Asian Journal of Communication*, 26(3), 201-222.

Lemke, J. L. 2002. Travels in hyper modality. *Visual Communication*, (1): 299-325.

Lindgren, S. 2019. Movement mobilization in the age of hashtag activism: Examining the challenge of noise, hate, and disengagement in the #MeToo campaign. *Policy and Internet*, 11(4): 418-438.

Lorenz, E. 1972. Predicbility: Does the flap of a butterfly's wings in Brazil set off a tornado in Texas. http://gymportalen.dk/sites/lru.dk/files/lru/132_kap6_lorenz_artikel_the_butterfly_effect.pdf [2020-3-21].

Manyika, J., Chui, M., Brown, B., et al. 2011. Big data: The next frontier for innovation, competition, and productivity. http://www.mckinsey.com/insights/business_technology/big_data_the_next_frontier_for_innovation [2021-1-2].

Marchand, D. A. & Horton, F. W., Jr. 1986. *Infotrends: Profiting from Your Information Resources*. New York: Wiley.

Mitchell, R., Agle, B. & Wood, D. 1997. Toward a theory stakeholder identification and salience: Defining the principle of who and what really counts. *Academy of Management Review*, (4): 853-886.

Savigny, H. 2002. Public opinion, political communication and the Internet. *Politics*, (1): 1-8.

Scott, J. C. 1990. *Domination and the Arts of Resistance: Hidden Scripts*. New Haven: Yale University Press.

Tai, Z. X. 2006. *The Internet in China: Cyberspace and Civil Society*. New York: Routledge.

Thompson, N. & Vogelstein, F. 2018. Inside the two years that shook Facebook—and the world. https://www.wired.com/story/inside-facebook-mark-zuckerberg-2-years-of-hell/ [2020-3-14].

Vapnik, V. N. 1999. *The Nature of Statistical Learning Theory*. New York: Springer.

Watts, D. J. & Strogatz, S. H. 1998. Collective dynamics of "small-world" networks. *Nature*, 393(6684): 440-442.

Yang, G. B. 2003. The Internet and civil society in China: A preliminary assessment. *Journal of Contemporary China*, 12(36): 453-475.

Yang, G. B. 2016. Narrative agency in hashtag activism: The case of #BlackLivesMatter. *Media and Communication*, (4): 13-17.